KB211091

선지자들의 외침 – 신앙편

바이블 루트

선지자들의 외침 - 신앙편

바이블 루트

발   행 | 2017년 12월 11일

발 행 처 | 예수교대한성결교회 총회(도서출판JKSC)

발 행 인 | 김원교

편 집 인 | 이강춘

편   집 | 예수교대한성결교회 총회 교육국

　　　　　www.sungkyul.org

등   록 | 1974.2.1. No. 300-1974-2

보 급 처 | 대한기독교 나사렛성결회 총회 교육국

　　　　　02) 2643-8591-2

　　　　　예수교대한성결교회 총회 교육국

　　　　　070) 7132-0020-1

제   작 | 도서출판 하늘기획

값 9,000원

선지자들의 외침 – 신앙편

바이블 루트

도 서 출 판

사람이 인생을 살아가며 많이 배우고 적게 배우는 차이도 중요하겠으나, 바르고 정확하게 배우는 것은 더 중요하다고 생각합니다. 특히 하나님의 말씀과 연계된 교회 내에서의 바른 교육과 학습은 그 중요성이 크다고 할 것입니다. 그러나 오늘날은 미디어 매체의 발전과 정보의 홍수시대를 맞이하여 무엇이든지 빨리 배우고 쉽게 판단을 내리는 시대가 된 것 같습니다. 그리고 한편으로는 이스라엘 사사 시대처럼 자기 소견에 옳은 대로 행하는 삶을 살고 있다고 생각됩니다.

세상이 바뀌어도 신앙인들이 변하지 말아야 하는 것은 하나님의 말씀을 바르게 배우고 바르게 실천하는 것입니다. 그리스도인들은 진리의 말씀을 마음의 판에 새기며 거짓이 없는 참된 인생을 살아가야 합니다. 그리고 자신의 소견에 따라 사는 것이 아니라, 법대로 경기하여 하나님께 인정받는 삶을 살아야 합니다.

이에 2018년도 구역 공과는 구약의 선지자와 신약의 사도와 목회자들의 신앙적인 바른 삶에 초점을 두고 제작하였습니다. 영적으로 혼란스럽고 어려웠던 시대 상황 속에서도 믿음의 길을 바르게 지키며 살아왔던 그들의 삶을 되새겨 보며 신앙의 바른 표준을 제시하고자 하였습

니다. 따라서 여러분들이 본 교재와 함께 공부한다면 자기중심적인 소견에서 벗어나 하나님의 뜻을 바르게 알 수 있을 것이며, 나아가 한국 교회와 미래세대를 이끌어 갈 좋은 영적인 일꾼들로 쓰임 받게 될 줄로 믿습니다.

아무쪼록 본 교재를 통하여 혼과 영과 및 관절과 골수를 찔러 쪼개기까지 하는(히 4:12) 살아있는 하나님의 말씀들을 체험해 보시기 바랍니다. 그 말씀들을 마음 판에 확고하게 새긴다면 여러분들은 예전보다 더 담대하고 능력 있는 승리의 삶을 살아가게 될 것입니다.

끝으로 금년도 공과 발간을 위해 수고해 주신 총회 교육국과 집필진들의 수고와 노력에 감사드립니다. 이 책을 통해 공부하는 사랑하는 모든 이들에게 하늘로부터 임하시는 지혜와 지식과 은총이 충만하시길 기원합니다.

김원교 목사
예수교대한성결교회 총회장

구역 모임은 교회 안에 존재하는 또 하나의 교회와도 같은 소중한 모임입니다. 또한 교회를 구성하는 살아있는 지체이기 때문에 구역이 살아있고 건강하면 교회는 자연히 성장하고 많은 열매를 맺게 됩니다. 하나님께서는 성도들의 모임인 교회를 중심으로 일하시며 가족, 지역, 동료 간 모임인 구역 모임을 통해서도 일하십니다. 이처럼 주님께서는 믿음의 모든 가정들이 예수 안에서 함께 연합하고 결속되어 아름다운 주님의 몸 된 교회로 지어져가고 부흥하기를 원하십니다. "그리스도 예수 안에서 함께 지어져 가느니라"(엡 2:22). 이와 같은 맥락에서 교회의 구역 또는 소그룹 모임과 예배를 위한 공과는 재론할 여지없이 매우 귀중합니다.

한국성결교회연합회가 다양한 차원에서의 괄목할 만한 성과와 의미 깊은 행적을 이어가고 있는 것은 교회사적으로 주목할 만한 사건이 아닐 수 없습니다. 이런 가운데 교단이 하나가 되어 두 번째로 구역 공과를 함께 출판하여 사용하게 되었다는 것은 보다 그 의미가 크다고 할 것입니다. 본 구역 공과가 '통합과 일치' 그리고 한국 교회의 새로운 하나됨의 역사를 이루는 값진 도구가 되기를 소망합니다. 또한 이번 발간

된 구역 공과를 통해 '성전에 모이기를 힘쓰라'는 주님의 말씀처럼 믿음의 가정들이 함께 모여 사랑과 은혜의 말씀을 나눔으로써 구역 모임이 더욱 굳건한 믿음의 반석 위에 서기를 바랍니다.

나아가 본 공과가 한마음으로 서로를 위해 기도하고 기쁨과 순전한 마음으로 음식을 나누며 아름다운 예수의 지체로 연합하는 구역 모임에 촉매제가 되기를 바랍니다. 이처럼 구역 공과를 기초한 구역 모임은 세상의 모든 사람들에게 칭찬과 존경을 받는 모임이 되고 교회 성장의 주체인 동시에 하나님 나라 확장의 요체가 될 것입니다.

이처럼 귀한 사역을 감당하기 위해 올해도 함께 수고한 각 교단의 임원들과 교육국장을 비롯한 실무진 모두에게 고마움을 전합니다.

김영수 목사
대한기독교 나사렛성결회 총회감독

이렇게 사용하세요

1. 본 교재의 특징

(1) 회원용과 인도자용 구별하지 않았습니다.

(2) 개인적으로 읽거나 소그룹 별로 함께 나눌 수 있도록 구성했으며 구역이나 속회, 셀 모임에서 사용할 수 있도록 예배 형태로 구성했습니다.

(3) **쉬운 책입니다.**
전체 교재의 흐름이 '영적 지도자의 경건한 신앙과 삶'에 대한 메시지로 진행되며, 성경을 중심으로 한 쉬운 본문 해설로 이루어져 있습니다. 누구나 쉽게 바른 신앙과 삶의 표준을 이해하고 실천할 수 있도록 이끌어 줄 것입니다.

(4) **단순한 책입니다.**
성경의 인물들 중 선지자, 제사장, 예수님의 제자 등 영적 지도자를 중심으로 구성한 교재로, 여러 환경과 조건 속에서 하나님 나라 형성을 위해 헌신하며, 희생한 영적 지도자의 신앙과 삶을 바라보고 느낄 수 있도록 도와 줄 것입니다.

(5) **부담 없는 책입니다.**
모임에 참여하는 성도들이 편하고 재미있게 접근할 수 있도록 알차게 구성했습니다. 또한 성경을 공부하는 것에서 끝나지 않고 실제적으로 적용할 수 있는 말씀 실천하기와 합심 기도를 서로 나눌 수 있도록 했습니다.
이를 통해 주님의 명령을 혼자만이 아닌 공동체 전체가 말씀 앞에 순종하고 결단의 기도까지 할 수 있도록 이끌어 줍니다.

(6) 교회력에 따라 절기(부활, 맥추, 추수, 성탄)는 부록으로 편집하여 활용도를 높였습니다.

＊ 성경은 개역개정 4판을. 찬송은 새찬송가를 기준으로 했습니다.

2. 예배형태로 진행시 사용방법

문안 ▶ 신앙고백 ▶ 찬송 ▶ 기도 ▶ 말씀(살피기, 나누기, 실천하기) ▶ 합심 기도하기 ▶ 찬송(헌금) ▶ 헌금기도 ▶ 주기도문 ▶ 광고(다음 모임) ▶ 교제와 친교

(1) 진행방법
① 회원들이 모이면 서로 문안하고 받을 은혜를 위해 각자 기도합니다.
② 사도신경으로 신앙을 고백하고 찬송을 부른 후 대표기도(회원 가운데)를 합니다.
③ 이룰 목표를 다 같이 읽습니다.
④ 교재의 성경말씀을 한 절씩 돌아가며 읽습니다.
⑤ 새길 말씀은 본문의 핵심구절이기에 암송하면 유익합니다.
⑥ 본문 살피기의 질문을 회원들과 함께 나눕니다.
⑦ 말씀 나누기를 인도자가 선포합니다.
⑧ 말씀 실천하기를 함께 나눕니다. 금주의 실천사항을 한 가지 적습니다.
⑨ 합심 기도하기 제목과 긴급한 기도를 놓고 합심으로 기도합니다(회원 가운데 성령의 인도하심을 따라 마침기도를 하는 것도 유익합니다).
⑩ 예배 형태로 진행시 헌금찬송과 함께 헌금을 드립니다(미리 헌금봉투에 담아 준비합니다).
⑪ 광고시간에 다음 모임의 장소와 시간을 정하고 모임과 행사 등을 광고합니다.
⑫ 예배 형태로 진행시 주기도문으로 예배를 마칩니다.

(2) 사용방법
① **이룰 목표** 해당 모임 시간에 이룰 목표의 큰 그림을 설명해 놓았습니다.
② **본문 살피기** 본문에 기록된 간단한 질문과 답을 통해 본문 내용의 이해를 돕습니다.
③ **말씀 나누기** 본문 말씀과 주제를 중심으로 쉬운 본문 해설을 제공합니다.
④ **말씀 실천하기** 전체 교육 내용을 정리해서 다시 한 번 핵심을 강조합니다. 삶에 적용할 수 있는 탁월하고 예리한 질문들을 통해 삶으로 말씀을 실천할 수 있는 유익을 줍니다.
⑤ **합심 기도하기** 본문을 통한 구체적인 기도의 방향과 제목을 제공합니다.

＊ 첫 모임 시간에 회원 간의 기도제목을 나누고 함께 기도합니다.

차 례
CONTENTS

이러므로 우리에게 구름 같이 둘러싼 허다한 증인들이 있으니
모든 무거운 것과 얽매이기 쉬운 죄를 벗어 버리고
인내로써 우리 앞에 당한 경주를 하며
믿음의 주요 또 온전하게 하시는 이인 예수를 바라보자
그는 그 앞에 있는 기쁨을 위하여 십자가를 참으사
부끄러움을 개의치 아니하시더니 하나님 보좌 우편에 앉으셨느니라

– 히 12:1, 2

선지자들의 외침 – 신앙편

바이블 루트

PART 1

01 특별한 믿음의 사람 에녹

■ 본문 말씀
히 11:5-6

■ 이룰 목표
- 믿음의 가치가 무엇인지 안다.
- 믿음이 하나님을 기쁘시게 하는 조건임을 안다.

■ 본문 살피기
- 살아있는 에녹을 하늘로 옮기신 분은 누구십니까?(5절)
- 에녹이 믿음의 사람이었다는 것은 무엇으로 증명되었습니까?(5-6절)
- 에녹이 가졌던 믿음의 조건 두 가지는 무엇입니까?(6절)

소그룹예배 인도 순서

사도신경	다 같이
찬 송	335장
기 도	회원 중
본문 말씀	히 11:5-6
새길 말씀	창 5:21-22
헌금 찬송	542장 (통 340)
헌금 기도	회원 중
주기도문	다 같이

말씀 나누기

창세기 5장에는 아담부터 노아까지의 족보가 기록되어 있습니다. 족보에는 '낳았고, 낳고, 죽었더라' 는 일정한 규칙에 의해 기록되어 있는 것을 발견하게 됩니다(6-8절). 가령 "셋은 백오 세에 에노스를 낳았고, 에노스를 낳은 후 팔백칠 년을 지내며 자녀를 낳았으며 그가 구백십이 세를 향수하고 죽었더라"라는 형식입니다. 그런데 에녹에 대해서는 특별하게 기록하고 있습니다. 창세기 5장 21절에 보면 "에녹은 육십오 세에 므두셀라를 낳았고 그 후 삼백 년을 하나님과 동행하며 자녀를 낳았으며 그는 삼백육십오 세를 살았더라 에녹이 하나님과 동행하더니 하나님이 그를 데려가시므로 세상에 있지 아니하였더라"라고 기록되어 있습니다. 또한 히브리서 11장 5절은 에녹에 대하여 "믿음으로 에녹은 죽음을 보지 않고 옮겨졌으니… 그는 옮겨지기 전에 하나님을 기쁘시게 하는 자라 하는 증거를 받았느니라"라고 기록하고 있습니다. 이처럼 하나님께 특별한 사람으로 인정받은 에녹의 믿음이 어떠했는지 살펴보도록 하겠습니다.

1. 에녹은 하나님과 동행하는 믿음을 가진 자입니다

에녹에 대한 말씀은 성경에 세 곳에 기록되어 있습니다(창 5:21-24; 유 1:14-15; 히 11:5-6). 그런데 창세기 5장에서는 신앙인으로서의 에녹의 두 가지 특별한 모습이 소개됩니다. 하나는 노아처럼(창 6:9) 하나님과 동행했다는 것이고, 다른 하나는 엘리야처럼(왕하 2:11) 죽음을 보지 않고 하나님께서 데려가셨다는 것입니다. 히브리서 기자는 본문 5절에 에녹을 하나님께서 데려가신 이유에 대해 믿음 때문이라고 했습니다.

'하나님과 동행했다'는 말과 '믿음이 있다'는 말은 하나님을 기쁘시게 한다는 측면에서 같은 의미를 가지고 있습니다. '동행'은 같은 마음으로, 같은 방향을 향해, 같이 가는 것이고, '믿음'은 하나님의 마음을 알아 하나님을 기쁘시게 해드리기 위한 삶을 산다는 의미를 가지고 있기 때문입니다. 에녹은 죄악이 관영했던 시대에 하나님과 동행하는 위대한 진리를 믿음과 그의 삶을 통해 분명하게 가르쳐 주고 있습니다. 죄악이 득세하는 현실에서 우리들은 에녹처럼 하나님의 마음과 뜻을 따라 믿음을 가지고 같은 방향으로 그리고 하나님과 함께 하고 있는지 잘 살펴야 합니다. 오직 하나님의 뜻을 따라 하나님과 동행할 때만이 하나님을 기쁘시게 할 수 있습니다.

"육신에 있는 자들은 하나님을 기쁘시게 할 수 없느니라"(롬 8:8)

2. 에녹은 매사에 하나님을 찾는 믿음을 가진 자입니다

히브리서 기자는 에녹의 믿음에 대해 언급하면서 "또한 그가 자기를 찾는 자들에게 상 주시는 이심을 믿어야 할지니라"(6절)고 하며 우리의 믿음 생활을 독려하고 있습니다. 하나님의 자녀가 하나님을 찾는 방법은 크게 두 가지입니다. 하나는 예배를 드릴 때, 다른 하나는 기도를 통해서입니다. 예배가 은혜에 대한 감사의 보답으로 하나님께 영광 돌리는 행위라면, 기도는 하나님과 깊은 영적 교제를 나누는 행위입니다. 또 예배가 구원받은 하나님의 백성들이 함께 드리는 것에 초점이 맞춰져 있는 것이라면 기도는 나와 하나님이 일대일로 만나는 시간이라는 의미가 있습니다. 예배 생활, 기도 생활을 잘하면 하나님께 상을 받습니다. 교회가 침체되고 있는 원인은 경건 훈련을 게으르게 하는데 있습니다. 과거와는 달리 예배 생활, 기도 생활에서 멀어져있기 때문입니다. 하나님께서 우리나라를 사랑하셨던 이유는 신앙의 선배들은 그렇게 힘들고 어려웠던 상황 속에서도 예배를 드리기 위해 수 십 리 길을 걸어가 예배드리던 열정이 있었고, 냉, 난방 시설도 잘 되어있지 않은 환경에서 새벽기도 등 기도 생활에 힘썼던 결과라고 생각합니다. 그러나 현시대에는 그런 모습들이 점차 사라져가고 있으니 안타까울 뿐입니다. 꺼져가는 등불과 같은 교회를 다시 세우기 위해서는 예배와 기도 등 경건 생활에 힘써야 합니다.

"믿음은 바라는 것들의 실상이요 보이지 않는 것들의 증거니"(히 11:1)

3. 에녹은 하나님의 심판을 기다리는 믿음을 가진 자입니다

창세기 5장 21절은 에녹이 육십오 세에 므두셀라를 낳았다고 기록하고 있습니다. '므두셀라' 라는 히브리어의 뜻은 '창을 던지는 자, 그가 죽으면 심판이 온다' 라는 뜻입니다. 아들 이름을 그렇게 지은 것을 보면 에녹은 분명 하나님의 심판을 믿는 믿음을 가졌던 것이 분명합니다. 또한 유다도 "아담의 칠 대손 에녹이 이 사람들에 대하여도 예언하여 이르되 보라 주께서 그 수만의 거룩한 자와 함께 임하셨나니 이는 뭇사람을 심판하사"(유 1:14)라고 기록하여 에녹이 하나님의 심판을 기다리는 믿음의 사람이었음을 보여줍니다.

유다는 유다서 1장 4절에서 심판받을 사람들의 특징에 대하여 "이는 가만히 들어온 사람 몇이 있음이라 그들은 옛적부터 이 판결을 받기로 미리 기록된 자니 경건하지 아니하여 우리 하나님의 은혜를 도리어 방탕한 것으로 바꾸고 홀로 하나이신 주재 곧 우리 주 예수 그리스도를 부인하는 자니라"라고 기록합니다. 또한 유다는 이들을 향하여 "이 사람들은 원망하는 자며 불만을 토하는 자며 그 정욕대로 행하는 자라 그 입으로 자랑하는 말을 하며 이익을 위하여 아첨하느니라"(유 1:16)라고 기록하며 이들에게 하나님의 심판이 있을 것임을 선포합니다.

오늘날에도 하나님의 은혜를 방탕한 것으로 바꾸며, 하나님과 예수 그리스도를 부인하는 사람들이 있습니다. 신앙대신 정욕을 따르고 하나님의 이름으로 자신의 이익을 구하는 자들도 있습니다. 에녹처럼 공의로우신 하나님께서 심판하실 그날을 기다리고 하나님과 동행하며 믿음을 지키는 성도가 되어야 합니다.

"한번 죽는 것은 사람에게 정해진 것이요 그 후에는 심판이 있으리니"(히 9:27)

말씀 실천하기

- 신앙적으로 보완하고 힘써야 할 부분은 무엇입니까?
- 하나님과 동행하며 살기 위해 결단해야 할 일은 무엇이라고 생각합니까?

합심 기도하기

- 평생 믿음을 지키며 하나님과 동행할 수 있는 믿음을 주옵소서!
- 악한 세력을 분별하고 이길 수 있도록 성령의 능력을 주옵소서!

02 하나님의 길을 선택한 노아

■ 본문 말씀
창 6:9-22

■ 이룰 목표
- 죄의 결과가 심판임을 안다.
- 참된 신앙은 영적 승리자의 길에 서게 한다는 것을 안다.

■ 본문 살피기
- 노아 당시 세상은 어떠했습니까?(11-12절)
- 노아가 당대에 완전한 자로 인정받게 된 원인은 무엇이었습니까?(9절)
- 하나님의 명령에 대한 노아의 태도는 어떠했습니까?(22절)

소그룹예배 인도 순서

사도신경 **다 같이**

찬　　송 **546장(통 399)**

기　　도 **회원 중**

본문 말씀 **창 6:9-22**

새길 말씀 **창 6:8**

헌금 찬송 **288장(통 204)**

헌금 기도 **회원 중**

주기도문 **다 같이**

말씀 나누기

하나님께서 노아를 소개하시면서 죄와 심판에 대한 말씀을 중점적으로 하셨습니다. 죄가 관영해서 더 이상 두고 보실 수 없기에 세상을 심판하시겠다고 경고하셨습니다. 심판에 담긴 의미는 '끝'이 아니라 '다시 시작'이라는 의미가 포함되어 있습니다. 우리가 살고 있는 이 시대에도 그리스도인이라고 자처하면서도 가치관이 신앙적이지 않고 세상 사람들과 다를 바 없는 사람이 있습니다. 창세기 6장 5절 이하에 보면 "여호와께서 사람의 죄악이 세상에 가득함과 그의 마음으로 생각하는 모든 계획이 항상 악할 뿐임을 보시고 땅 위에 사람 지으셨음을 한탄하사 마음에 근심하시고"라고 하셨습니다.

그러한 시대에 노아는 구별된 삶을 살았기에 하나님께서 은혜를 부어 주셨습니다(8절). 똑똑한 것보다, 성공하는 것보다 더 중요한 것은 은혜 받는 일입니다. 노아와 같이 하나님께서 베푸시는 은혜를 받는 것은 특혜입니다. 은혜 받은 노아는 어떤 사람이었는지 살펴보도록 하겠습니다.

1. 노아는 남다른 신앙을 가진 사람입니다

하나님은 노아의 세 가지 특별한 신앙을 칭찬하셨습니다. 본문 9절에 "이것이 노아의 족보니라 노아는 의인이요 당대에 완전한 자라 그는 하나님과 동행하였으며"라고 하셨습니다. 공동체에서 모두가 세상 문화에 도취된 채 끼리끼리 어울려서 무분별하게 살고 있는데 혼자 신앙을 지키겠다고 그들과 함께하지 않는 일은 쉬운 일이 아닙니다. 그러나 노아는 그런 것에 얽매이지 않고 삶의 우선순위를 신앙 지키는데 두었습니다.

노아를 '의인'이라고 한 것은 죄가 없기 때문에 의로운 사람이라는 뜻이 아니고 하나님의 말씀에 순종했음을 말합니다. 그가 '당대에 완전한 자'라 함은 죄악이 관영해서 모두가 하나님의 뜻을 거역하는 분위기였는데 신실하게 신앙을 지키며 살았음을 증명하는 말입니다. '하나님과 동행했다'는 말씀은 예배 생활을 통해 구별된 삶을 살았다는 말씀입니다.

쾌락 사랑하기를 하나님 사랑하는 것보다 더한 시대에 하나님과 동행했다는 것은 대단한 것입니다. 예수님 때문에 손해 볼 각오를 해야 신앙을 지킬 수 있는 것이 오늘날의 현실입니다. 예수님 때문에 손해 보기 싫어하고 세상 문화에 동요된 채 영적 감각을 잃어버리고 살아간다면 때와 장소에 맞지 않는 옷을 입고도 부끄러운 줄 모르고 오히려 콘셉트

(concept)라고 주장하는 것과 다를 바 없습니다. 정상이 아님에도 불구하고 지극히 정상적인 것처럼 생각하며, 정상으로 인정하듯이 죄가 관영한 시대는 죄가 죄로 보이지 않습니다. 그러한 시대에 노아는 신앙을 지키기 위해서 세상과 구별된 삶을 살며 신앙인으로서 본분을 지켰으니 위대해 보입니다.

"믿음으로 노아는 아직 보이지 않는 일에 경고하심을 받아 경외함으로 방주를 준비하여 그 집을 구원하였으니 이로 말미암아 세상을 정죄하고 믿음을 따르는 의의 상속자가 되었느니라"(히 11:7)

2. 노아는 영원한 것에 가치를 두고 산 사람입니다

하나님께서는 노아에게 방주 만드는 법을 가르쳐 주셨습니다. 본문 14절에 보면 "너는 고페르나무(잣나무)로 너를 위하여 방주를 만들되 그 안에 칸들을 막고 역청을 그 안팎에 칠하라"라고 하셨습니다. 현실적으로 쉽지 않은 일이었지만 하나님께서는 사랑하는 노아를 살리기 위해 방주를 만들라고 하셨던 것입니다. 교회도 방주와 같이 택한 백성을 양육하시고 보호하시기 위한 하나님의 집입니다. 노아 시대는 죄악이 하늘을 찌르는 시대였습니다. 누가복음 17장 27절에 보면 "노아가 방주에 들어가던 날까지 사람들이 먹고 마시고 장가들고 시집가더니"라고 했습니다. 이 말씀 중에 '장가들고 시집간다'라는 말은 세상에 집착하며 쾌락과 자기 유익을 쫓아가는 삶으로 정상적 결혼생활보다는 성적 타락을 지적하는 말씀입니다. 잠깐 있다 사라지는 안개와 같은 세상 문화에 빠지지 않고 영원한 것에 가치를 두고 살아간 노아의 믿음은 우리가 본받아야 할 믿음입니다.

"그와 같이 남자들도 순리대로 여자 쓰기를 버리고 서로 향하여 음욕이 불 일듯 하매 남자가 남자와 더불어 부끄러운 일을 행하여 그들의 그릇됨에 상당한 보응을 그들 자신이 받았느니라"(롬 1:27)

3. 노아는 하나님의 말씀에 전적으로 순종한 사람입니다

노아는 하나님께서 명령하신 것을 다 순종했습니다(22절). 15절 이하에는 "네가 만들 방주는 이러하니 그 길이는 삼백 규빗, 너비는 오십 규빗, 높이는 삼십 규빗이라 거기에 창을 내되 위에서부터 한 규빗에 내고 그 문은 옆으로 내고 상 중 하 삼층으로 할지니라"라고 하셨습니다.

하나님께서는 노아에게 방주를 만들라고 하시고 그 양식을 청사진으로 보듯이 말씀해 주셨습니다. 그런 모양은 한 번도 본 적이 없고 그대로 만들면 그 모양이 이상할 것 같다는 생각이 들었겠지만 노아는 반문하지 않고 그대로 실천했습니다. 교회에서 봉사할 때도 자기 마음대로 해서는 안 됩니다. 일을 맡겨보면 직업이 군인인 사람은 군대식으로 봉사하려고 하고, 회사를 경영하는 사장에게 일을 맡겨보면 회사를 경영하듯 지시만 하는 모습이 보이곤 합니다. 그러나 하나님의 일은 그러한 모습들을 다 던져버리고 하나님께서 인도하시는 대로 순종하는 것이 가장 아름다운 모습입니다.

노아의 방주 생활은 비가 내리기 시작하면서 일 년 동안 계속되었습니다. 하나님의 명령이 있기 전에 방주 밖으로 나오게 되면 죽게 됩니다. 이와 같이 신앙생활을 하다 보면 제한사항이 많습니다. 그 이유가 무엇일까요? 그것은 성도를 보호하시려는 하나님의 의도입니다. 방주에는 동력이 없습니다. 그저 바람 부는 대로 물결이 흐르는 대로 이동하게 됩니다. 하나님께 전적으로 맡기며 그분의 인도하심에 순종하며 살아야 한다는 의미가 담겨 있습니다. 방주 안에 있는 사람이 할 수 있는 것은 오직 하나,

하나님을 신뢰하는 일입니다.

"순종이 제사보다 낫고 듣는 것이 숫양의 기름보다 나으니"(삼상 15:22)

말씀 실천하기
• 세속화된 문화에서 신앙을 지키기 위한 대안은 무엇이라고 생각합니까?
• 주변 환경이 하나님 말씀에 순종할 수 없는 상황에 놓인다면 어떻게 대처하겠습니까?

합심 기도하기
• 온전한 헌신 자가 되게 하옵소서!
• 세상의 문화와 풍습 속에서 신앙을 지킬 수 있게 하옵소서!

03 순종의 대표자 아브라함

■ 본문 말씀
창 22:1-19

■ 이룰 목표
- 참된 순종이 무엇인지 안다.
- 하나님께서 순종하는 자와 함께 하심을 안다.

■ 본문 살피기
- 믿음을 시험하시려는 분은 누구십니까?(1절)
- 시험을 주시는 목적이 무엇입니까?(12절)
- 시험에 합격한 결과는 무엇입니까?(17절)

소그룹예배 인도 순서

사도신경 **다 같이**
찬   송 **218장**(통 369)
기   도 **회원 중**
본문 말씀 **창 22:1-19**
새길 말씀 **히 11:19**
헌금 찬송 **212장**(통 347)
헌금 기도 **회원 중**
주기도문 **다 같이**

말씀 나누기

성경에 등장하는 신앙을 가진 수많은 인물 중에 가장 많이 알려진 인물은 믿음의 조상이고, 순종의 사람인 아브라함입니다. 창세기 12장부터 22장까지는 아브라함의 전기인데, 그는 75세에 하나님의 부르심을 받고 175세에 사망하기까지 참으로 위대한 믿음의 생애를 살아가면서 후대에 많은 사람들로부터 칭찬을 들었습니다. 야고보 사도는 아브라함을 하나님의 벗(약 2:23)이라 했으며 사도 바울은 모든 믿음의 조상

(롬 4:16)이라고 칭찬했습니다. 그의 이름은 구약에 232회 신약에 71회 총 303회 기록되어 있습니다. 신약성경의 시작도 아브라함부터입니다(마 1:1). 사도 바울은 아브라함이 큰 복을 받은 사람임을 강조하면서 갈라디아서 3장 14절 말씀을 통해 우리도 아브라함이 가졌던 순종의 믿음을 갖게 되면 아브라함의 복을 받을 수 있다고 가르칩니다. 본문은 창세기 12장부터 이어지는 결론 부분으로, 아브라함의 순종에 관한 부분을 다루고 있는 말씀입니다. 하나님께 인정받은 순종의 사람 아브라함은 어떤 사람인지 살펴보도록 하겠습니다.

1. 가장 소중한 것을 포기하라는 말씀에 순종한 믿음의 사람입니다

가정을 이루고 사는 사람들에게 가장 소중한 것은 돈과 명예보다는 사랑하는 가족일 것입니다. 그중 자녀는 부모의 분신이기에 누구에게나 가장 소중한 존재입니다. 더욱이 아브라함은 오랫동안 자녀를 갖지 못하다가 100세가 되어서 이삭을 낳았습니다. 참으로 귀한 아들이었습니다. 그런데 이 귀한 아들을 하나님께서는 번제로 드리라고 하셨습니다. 1절에는 아브라함을 시험하기 위해서였다고 하셨지만 하나님의 명령이 떨어졌을 때 아브라함은 자신의 믿음을 테스트하기 위한 것이었다는 것을 알지 못했습니다.

아브라함에게 이삭이 가장 소중하다는 것을 강조하는 말씀이 본문에 세 군데 기록되어 있습니다. "여호와께서 이르시되 네 아들 네 사랑하는 독자 이삭을 데리고 모리아 땅으로 가서 내가 네게 일러준 한 산 거기서 그를 번제로 드리라"라는 2절 말씀과 "네가 네 아들 네 독자까지도 내게 아끼지 아니하였으니 내가 이제야 네가 하나님을 경외하는 줄을 아노라"는 12절 말씀 그리고 "네가 이같이 행하며 네 아들 네 독자까지도 아끼지 아니하였다"라고 하나님께서 아브라함을 칭찬하실 때 하신 16절 말씀입니다. 이렇게 아브라함에게 있어서 이삭은 귀하고 귀한 존재였지만 하나님께서 이삭을 드리라고 명령하셨기에 기꺼이 드렸습니다.

　지금 우리에게 가장 소중한 것은 무엇입니까? 그리고 그것을 포기하라는 주님의 말씀을 들었을 때 순종할 수 있는지 믿음을 점검해 봐야 합니다. 지금 우리가 가장 소중하게 생각하는 것을 포기하면, 하나님 보시기에 가장 좋은 것으로 채워 주십니다.

"또 네 씨로 말미암아 천하 만민이 복을 받으리니 이는 네가 나의 말을 준행하였음이니라 하셨다 하니라"(창 22:18)

2. 이해할 수 없음에도 불구하고 하나님께 순종한 믿음의 사람입니다

　창세기 15장 5절에 보면 하나님께서는 아브라함에게 "하늘을 우러러 뭇별을 셀 수 있나 보라 또 그에게 이르시되 네 자손이 이와 같으리라"라고 약속하셨습니다. 그리고 아브라함은 쉽게 이해하기 어려운 방식으로 하나님의 약속이 성취되는 것을 경험합니다.

　그러나 본문 22장 2절 말씀처럼 또다시 독자를 번제로 바치라는 이해할 수 없는 하나님의 명령에 직면합니다. 이것은 아브라함에게도 정말 납득하기 어려운 명령이었을 것입니다. 상식적으로 생각해 볼 때, 이삭이 살아 있어야만 그를 통해 '많은 자손을 얻을 것이라' 는 하나님의 약속이 성취될 수 있기 때문입니다.

　그럼에도 아브라함이 하나님의 말씀을 따라 번제를 드리기 위한 여정을 즉시 출발하고 있음을 보여줍니다. 이것은 아브라함이 이삭을 얻을 때처럼 하나님께서 일하시리라는 믿음에 기초하여 하나님께 순종하고 있음을 보여주는 것입니다. 아브라함은 하나님께서 약속하신 말씀이 그대로 성취될 것을 믿었던 것입니다. 그리고 그 순종을 통해 하나님께 칭찬을 받으며 하나님께 받을 약속의 복을 재차 확인하게 되었습니다. "이르시되 여호와께서 이르시기를 내가 나를 가리켜 맹세하노니 네가 이같이 행하며 네 아들 네 독자도 아끼지 아니하였은즉, 내가 네게 큰 복을 주고 네 씨가 크게 번성하여 하늘의 별과 같고 바닷가의 모래와 같게 하리니 네 씨가 그 대적의 성문을 차지하리라"(16-17절)

이처럼 하나님은 사람의 경험과 생각을 초월하여 일하고 계심을 인정하고 하나님의 말씀에 순종하는 삶을 살아야 하겠습니다. '하나님께서 모든 것을 준비하신다' 라는(8절) 아브라함의 믿음과 순종을 본받는 성도가 되어야 합니다.

"사도와 함께 모이사 그들에게 분부하여 이르시되 예루살렘을 떠나지 말고 내게서 들은 바 아버지께서 약속하신 것을 기다리라"(행 1:4)

3. 많은 갈등 앞에서도 하나님의 말씀에 순종한 믿음의 사람입니다

세상을 살아가려면 수많은 선택 앞에서 갈등해야 합니다. 더욱이 성도로 살아가려면, 일반인들보다 더 많은 선택의 문제 앞에 놓이게 됩니다. 이러한 문제 앞에서 과감히 하나님의 말씀을 선택하고 하나님께 순종하기란 참으로 어렵습니다. 하나님께 순종하는 길을 선택하게 되면 당장 눈에 보이는 이익이나 손해를 감수해야 하기 때문입니다.

아브라함은 이러한 갈등 앞에서 과감히 믿음과 순종의 길을 선택하여 하나님의 시험(1절)을 통과합니다. 하나님께 순종을 선택한 아브라함에 대하여 "네가 하나님을 경외하는 줄을 아노라"(12절)고 인정하셨습니다. 이러한 아브라함의 순종은 하나님과의 만남을 통해 완성되었다고 볼 수 있습니다. 실제로 첫 번째 시험에서는 아브라함이 여종의 몸을 통해 대를 이으려는 인간적인 방법을 사용하지만 100세 때 아내 사라를 통한 하나님 약속의 성취를 경험한 이후에는 하나님의 말씀에 즉각적으로 순종하는 아브라함의 모습을 발견할 수 있습니다.

본문 4절은 아브라함이 이삭을 번제로 드리기 위해 삼일 동안이나 이동하여 모리아 산에 도착했음을 보여줍니다. 이동하는 3일이라는 긴 시간은 참으로 고통의 길인 동시에 불순종으로 다시 돌아갈 수 있는 유혹의 길이기도 했을 것입니다. 이처럼 하나님의 말씀에 순종하는 것은 말처럼 쉬운 일이 아닙니다. 그럼에도 불구하고 아브라함이 본을 따라 하나님의 말씀에 순종할 때, 하나님께서는 가장 적합한 복을 선물로 주십니다.

"그가 하나님이 능히 이삭을 죽은 자 가운데서 다시 살리실 줄로 생각한지라 비유컨대 그를 죽은 자 가운데서 도로 받을 것이니라"(히 11:19)

말씀 실천하기
- 하나님의 말씀에 순종하기 힘든 환경에 직면할지라도 믿음으로 극복하겠습니까?
- 하나님께서 가장 소중한 것을 요구하실 때 순종할 수 있는 믿음이 준비되어 있습니까?

합심 기도하기
- 하나님의 말씀에 순종하며 헌신하게 하옵소서!
- 세상 유혹을 이길 수 있는 믿음을 주옵소서!

04 고난당한 성도의 길라잡이 욥

■ 본문 말씀
욥 19:23-29

■ 이룰 목표
- 어떤 상황에 있든지 부활하신 주님을 바라본다.
- 고난에도 하나님의 뜻이 있음을 안다.

■ 본문 살피기
- 살아계신 대속자는 누구십니까?(25절)
- 육체 밖에서 하나님을 보리라는 말은 무엇에 대한 말씀입니까?(26절)
- 내가 그를 볼 때 낯설지 않을 것이라는 말은 어떤 의미가
  담긴 말입니까?(27절)

소그룹예배 인도 순서

사도신경	다 같이
찬 송	168장(통 158)
기 도	회원 중
본문 말씀	욥 19:23-29
새길 말씀	고전 15:3-4
헌금 찬송	154장(통 139)
헌금 기도	회원 중
주기도문	다 같이

말씀 나누기

욥은 신앙적으로 흠이 없는 사람으로 평가받던 인물입니다(욥 1:1). 그는 어느 날 파상적으로 몰아닥친 재난으로 순식간에 자녀들과 재산을 다 잃고 말았습니다. 설상가상으로 건강에 문제까지 발생하자 친구들과 아내는 욥의 신앙을 의심하며 비난합니다. 이에 대해 욥은 반론을 제기하며 자신에게 닥친 재난은 결코 자신이 지은 죄로 인한 것이 아님을 변호하지만 비난은 줄어들지 않았습니다. 욥의 경우처럼 현대를 살

아가는 성도에게도 이유를 알 수 없는 고난과 어려움이 닥치기도 하고 주변 사람들로부터 위로받기보다 더 많은 상처를 받기도 합니다. 이런 상황을 성도들은 어떻게 받아들이고 이겨내야 할까요? 고난당할 때 욥이 보여준 신앙적 모습에서 그 답을 찾아보도록 하겠습니다.

1. 욥은 고난에서도 대속자가 살아계심을 바라봤습니다

당시 사람들은 이유 없는 고난은 없고 모든 고통이나 질병들은 죄로부터 기인한다고 생각했습니다. 그래서인지 욥의 친구들은 마치 자신들이 하나님이 된 것처럼 욥을 판단하고 정죄합니다. "너희가 어찌하여 하나님처럼 나를 박해하느냐"(22절)는 욥의 말은 이를 잘 묘사해 줍니다. 현대에도 많은 사람들이 자신도 모르게 하나님의 위치에 서서 타인의 고난이나 고통에 대하여 판단하고 정죄까지 합니다. 혹시 우리가 고통당하는 이웃을 그렇게 판단하고 더 많은 상처를 주고 있지는 않은가 뒤돌아 봐야 합니다. "내가 알기에는 나의 대속자가 살아 계시니 마침내 그가 땅 위에 서실 것이라"(25절)는 말씀은 대속의 믿음으로 고난을 대하는 욥의 신앙적 모범을 잘 보여줍니다. 욥 자신이 아는 죄 또는 부지중에 지은 죄가 있을지라도 "나의 대속자이신 주께서 살아계시니"(25절) 나의 모든 죄를 대속자이신 주께서 속해 주실 것이라는 신앙으로 고난을 이겨내는 것입니다.

고난이나 고통의 원인이 죄든지 아니면 다른 것이든지, 믿음의 사람들인 우리에게는 대속자 되신 주님이 살아계십니다. 대속은 인간의 힘이나 노력에 의하지 않고 오로지 믿음으로 주어지는 하나님의 은혜로운 선물입니다. 고통과 고난의 상태에 머물러 있지 말고 욥처럼 대속자가 살아계심을 바라보는 신앙의 사람들이 되어야 합니다.

"예수께서 이르시되 너는 나를 본 고로 믿느냐 보지 못하고 믿는 자들은 복되도다 하시니라"(요 20:29)

2. 욥은 고난을 부활신앙으로 승화시켰습니다

그렇게 힘든 상황을 욥이 견뎌낼 수 있었던 원인은 먼 훗날 예수께서 온 인류의 죄를 대속하기 위해 죽으시고 부활할 것을 믿는 부활신앙 때문이었습니다. 본문 23절 이하에 보면 욥은 "나의 말이 곧 기록되었으면, 책에 씌어졌으면, 철필과 납으로 영원히 돌에 새겨졌으면 좋겠노라 내가 알기로는 나의 대속자가 살아계시니 마침내 그가 땅 위에 서실 것이라 내가 가죽이 벗김을 당한 뒤에도 내가 육체 밖에서 하나님을 보리라"라고 고백하면서 부활에 대한 확신을 이야기합니다. 당시 사람들은 부활에 대해 잘 몰랐기에 부활을 믿지 않았습니다. 그러나 욥은 보통 사람들이 부활을 모를 때 부활을 믿으며 선포했습니다. 신학자 스코필드(C.I Scofield)는 '욥은 모세가 율법을 받기 전까지 살았던 사람으로 성경에서 부활신앙을 최초로 말한 사람이다' 라고 주장하고 있습니다.

부활신앙을 갖게 되면 신앙에 활력이 있습니다. 왜냐하면 부활신앙의 핵심이 '생명' 이기 때문입니다. 부활을 지식적인 앎으로 끝나서는 안 됩니다. 마음으로 믿어져야 합니다. 욥과 같이 아직 임하지 않은 부활이지만 믿고 인내하며 부활을 기다릴 수 있는 것이 은혜이고 복입니다. 부활의 확신을 가지고 인내하며 살아가야 합니다.

"게바에게 보이시고 그 후에 열두 제자에게와 그 후에 오백여 형제에게 일시에 보이셨나니"(고전 15:5-6)

3. 욥은 심판자이신 하나님을 의뢰했습니다

대부분 사람들은 타인의 고난과 고통의 원인을 자업자득 즉, 고통당하는 사람에게 있다고 합니다. "또 이르기를 일의 뿌리가 그에게 있다 할진대"라는 본문 28절 하반 절 말씀은 욥 당시에도 그렇게 생각하고 있었음을 보여줍니다. 주변인들 특히 가까운 사람들의 이러한 단정은 고난과 고통 속에 있는 사람에게 더 아픈 상처를 줍니다. 때로는 이러한 상처가 타인을 죽음과 재기불능의 상태에까지 이르게 합니다. 따라서 타인이나 자신이 당하는 고난에 대하여 함부로 판단해서는 안 될 것입니다. 욥처럼 심판자이신 하나님께 모든 것을 맡겨야 합니다. 욥은 고통에 처한 상황에서도 하나님께서 최종 심판자가 되어주셔서 공의롭게 판정해 주실 것을 바라보았습니다. 왜냐하면 모든 일의 판정자는 주님이시기 때문입니다.

고통은 개인을 성숙하게도 하고 어떤 공동체를 더욱 아름답게 만들기도 합니다. 욥처럼 부활신앙과 하나님의 공의로운 심판을 기다리며 고난 속에 담긴 하나님의 뜻을 따르는 믿음의 사람이 되어야 합니다.

"예수께서 이르시되 나는 부활이요 생명이니 나를 믿는 자는 죽어도 살겠고 무릇 살아서 나를 믿는 자는 영원히 죽지 아니하리니 이것을 네가 믿느냐"(요 11:25-26)

말씀 실천하기
• 내게 고통이 주어진다면 어떻게 받아들이겠습니까?
• 주변에 고통받는 타인이 있다면 어떻게 하겠습니까?

합심 기도하기
• 고난을 통해서도 성숙하게 하시는 주님을 바라보게 하옵소서!
• 대속과 부활의 신앙으로 고난을 이기는 복된 삶을 살게 하옵소서!

05 약속 성취의 표상 이삭

■ 본문 말씀
창 26:1-15

■ 이룰 목표
- 위기 앞에서 믿음의 행동을 한다.
- 순종의 결과가 무엇인지 안다.

■ 본문 살피기
- 흉년이 들자 이삭은 누구를 찾아갔습니까?(1절)
- 이삭이 하나님의 말씀을 듣고 거주한 곳은 어디입니까?(6절)
- 이삭이 그랄에서 농사하여 얻은 수확은 어느 정도였습니까?(12절)

소그룹예배 인도 순서

사도신경 **다 같이**
찬   송 **429장**(통 489)
기   도 **회원 중**
본문 말씀 **창 26:1-15**
새길 말씀 **히 10:36**
헌금 찬송 **28장**
헌금 기도 **회원 중**
주기도문 **다 같이**

말씀 나누기

약속의 아들인 이삭은 아브라함이 죽은 후에 브엘라해로이 근처에서 살았습니다(창 25:11). 그런데 삶의 터전으로 주신 그 땅에 흉년이 들었습니다. 이삭은 아브라함 때에 흉년이 들어 식량을 구하러 애굽으로 내려갔던 아버지 아브라함처럼(창 12:10), 흉년을 피해 그랄로 이주했고 그곳에서 다시 애굽으로 내려갈 계획을 세웠습니다. 팔레스타인의 농사는 거의 비와 이슬에 의존하기에 가뭄으로 인한 흉년은 백성들의 생계에 막중한 위협이 되었습니다. 이것을 견디다 못한 이삭이 하나님께서 약속한 땅으로 묘사된 그랄(2절)을 뒤로하고 애굽으로 갈 것을 계획한 것입니다.

그때 하나님께서는 이삭에게 나타나셔서 '내가 지시한 땅' 그랄에 계속 거주하면 '내가 너와 함께 있어 네게 복을 주고 네 아버지 아브라함에게 맹세한 것을 이루어 주시겠다' 라고 약속하셨습니다(2-4절). 그리고 이삭에게 이러한 약속을 주시는 이유가 '아브라함이 내 말을 순종하고 내 명령과 내 계명과 내 율례와 내 법도를 지켰기 때문이다' 라고 말씀하십니다(5절).

이러한 하나님의 약속의 말씀에 순종한 이삭은 그랄에 거주하게 되었고 결국, 하나님의 말씀에 따라 그 땅에서 엄청난 풍작을 거두게 되었습니다. 본문 12절에 보면 "이삭이 그 땅에서 농사하여 그 해에 백 배나 얻었고"라고 했습니다. 이삭이 받은 복은 어떤 의미가 있는지 살펴보도록 하겠습니다.

1. 이삭은 언약의 원리에 의해 복받은 사람입니다

신실하신 하나님은 자기 백성과 맺으신 언약을 반드시 지키십니다. 하나님께서는 흉년을 피해 애굽으로 향하려는 아브라함에게 나타나셨던 것처럼, 이제는 이삭에게 나타나셔서 "애굽으로 내려가지 말고 내가 네게 지시한 땅에 거주하라"라고(2절) 말씀하십니다. 그 말씀하신 후 이어서 3절에 보면 "이 땅에 거류하면 내가 너와 함께 있어 네게 복을 주고 내가 이 모든 땅을 너와 네 자손에게 주리라"라고 하셨습니다. 즉 순종해야 주신다는 조건부 약속입니다. 그리고 이삭과 더불어 이러한 약속을 맺는 이유 중의 하나가 아브라함과 맺은 약속을 성취하기 위함이라고 말씀하십니다. 이것은 "내가 내 아버지 아브라함에게 맹세한 것을 이루어"라는

(3절) 말씀에 잘 나타나 있습니다.

이처럼 이삭이 받은 복의 일부는 이삭의 순종 이전에 하나님께서 아버지 아브라함과 맺은 약속의 원리에 의해 받은 복입니다.

"또한 아브라함의 씨가 다 그의 자녀가 아니라 오직 이삭으로부터 난 자라야 네 씨라 불리리라 하셨으니 곧 육신의 자녀가 하나님의 자녀가 아니요 오직 약속의 자녀가 씨로 여기심을 받느니라"(롬 9:7-8)

2. 이삭은 순종의 원리에 의해 복받은 사람입니다

하나님께서는 이삭을 설득하시며 아버지 아브라함에게 복 주셨던 이유에 대해 "이는 아브라함이 내 말을 순종하고 내 명령과 내 계명과 내 율례와 내 법도를 지켰기 때문이라"라고(5절) 하셨습니다. 애굽으로 내려가지 말라는 하나님의 말씀이 마음에 와 닿자 이삭은 애굽으로 가던 길을 멈추고 그랄에 정착하게 됩니다.

본문 5절에 말씀하신 내 말, 내 명령, 내 계명, 내 율례, 내 법도 이 다섯 가지는 하나님께 대한 종교적 규범과 도덕적인 규범이 모두 포함되어 있습니다. 하나님의 백성은 크게 두 가지를 지켜야 복을 받습니다. 하나님께서 복을 주시려 해도 예배, 기도 등 경건 생활에 힘쓰지 않거나 이웃 사랑을 실천하지 않는다면 복을 받을 수 없습니다. 아브라함이 하나님의 말씀에 순종함으로 복을 받은 것처럼 이삭도 순종하므로 복을 받았으니 우리도 하나님의 말씀에 순종하는 경건 생활과 이웃 사랑을 실천하는 데 힘써야 합니다.

"네가 네 하나님 여호와의 말씀을 삼가 듣고 내가 오늘날 네게 명령하는 그의 모든 명령을 지켜 행하면 네 하나님 여호와께서 너를 세계 모든 민족

위에 뛰어나게 하실 것이라"(신 28:1)

3. 이삭은 인내의 원리에 의해 복받은 사람입니다

이삭은 그랄 땅에 오래 거주하는 동안 큰 실수를 범하였습니다(8절). 위기감이 들 때 아내 리브가를 누이라고 속였습니다. 부전자전이라는 말이 있듯이 아버지 아브라함이 백 년 전 범한 실수를 똑같은 장소에서 똑같은 방법으로 아들 이삭도 범했습니다(창 12:13, 26:7). 하나님의 백성이 이방인들에게 희롱당하고 있는 모습입니다. 그랄 땅은 이삭에게는 수난의 땅이었습니다. 기근으로 인한 육체적 고통과 거짓의 결과로 오는 영적인 고난을 함께 겪고 있습니다. 십자가의 길은 고난의 길입니다. 그렇지만 십자가의 고난을 견뎌내면 진주같이 빛나게 됩니다. 값진 것을 얻기 위해서는 인내가 필요합니다. 이삭이 받은 백배의 복은 아픈 십자가의 고난을 참고 인내한 결과물입니다. 이삭은 자신이 죽임을 당할 수도 있다는 두려움 때문에 사랑하는 아내를 누이라고 속인 것은 인간적인 생각이었습니다(9절). 그 결과 이방인들에게 수모를 당할 뻔했지만 결국 하나님께서 이삭을 도우셨기에 위기에서 벗어날 수 있었습니다.

신명기 5장 9절에 보면 "나를 사랑하고 내 계명을 지키는 자에게는 천대까지 은혜를 베푸느니라"라고 하셨습니다. 하나님과 아버지 아브라함이 맺은 언약으로 인해 아들 이삭이 복을 받았습니다. 복은 대물림될 수도 있습니다. 후대에 복을 유산으로 물려주기 위해서 우리가 할 일은 약속이 성취될 때까지 믿음을 가지고 인내하는 것입니다.

"너희에게 인내가 필요함은 너희가 하나님의 뜻을 행한 후에 약속하신 것을 받기 위함이라"(히 10:36)

말씀 실천하기

- 어려움을 이길 수 있는 해답은 어디에 있다고 생각합니까?
- 하나님의 약속이 성취될 때까지 나에게 주어진 일은 무엇이라고 생각하십니까?

합심 기도하기

- 어떤 상황에서도 하나님의 말씀에 순종할 믿음을 주옵소서!
- 신앙을 상속하는 가정이 되게 하옵소서!

06 온전한 예배자 야곱

■ 본문 말씀
창 35:1-15

■ 이룰 목표
- 예배의 중요성을 안다.
- 가족이 함께 하는 예배를 하나님이 얼마나 기뻐하시는지 안다.

■ 본문 살피기
- 어디서 예배를 드리라고 하셨습니까?(1, 15절)
- 온전한 예배를 드리기 위해 버려야 할 것이 무엇입니까?(4절)
- 온전한 예배와 더불어 약속된 복은 무엇입니까?(10-12절)

소그룹예배 인도 순서

사도신경	다 같이
찬 송	431장
기 도	회원 중
본문 말씀	창 35:1-15
새길 말씀	요 4:23-24
헌금 찬송	452장(통 525)
헌금 기도	회원 중
주기도문	다 같이

말씀 나누기

어떤 사람이 인생은 한편의 드라마와 같다고 비유했습니다. 야곱의 일생이 그랬습니다. 아버지 이삭에게서 에서와 쌍둥이로 태어났습니다. 신앙의 전통대로 하면 장자에게 더 많은 유산 상속과 언약의 계승자로서 복을 받을 수 있었습니다. 그러나 어머니 리브가는 야곱을 더 사랑했기에 그에게 장자의 축복을 받게 하려고 에서처럼 변장시키고 아버지를 속여 축복을 받게 했습니다. 그 사실을 에서가 알게 되자 야곱은 하란에 있는 외삼촌 라반의 집으로 도피하여 20여 년간 살았습니다. 세월이 흘러 야곱은 얍복강 나루터(창 32:22)에 나타나신 하나님의 도움으로 형과 극적인 화해의 만남을 갖게 되었습니다.

그 후 야곱은 새로운 삶의 터전인 세겜에 정착하게 됩니다(창 33:18). 그러나 세겜에서의 삶은 비참했습니다. 딸 디나가 세겜 사람들에게 성폭행을 당하게 되었고 그 일로 아들들은 복수하기 위해 세겜 남자들을 살해하게 되었습니다. 종합해볼 때 야곱이 세겜에서 살아온 10여 년의 세월은 멈춰진 세월이었고, 덧없이 흘러간 시간이었으며, 잃어버린 시간이 되어 버렸습니다. 그렇게 절망 중에 있을 때 과거 얍복강 나루터에 나타나셔서 힘을 주셨던 하나님께서 다시 나타나셨습니다. 그리고 야곱에게 다시 벧엘로 올라가라고 방향을 제시해 주셨습니다. 야곱은 하나님의 말씀을 듣고 순종하였고 그 일로 인하여 참된 예배자가 되었습니다. 야곱을 통해 온전한 예배의 모습에 대해 살펴보겠습니다.

1. 회개가 선행된 예배입니다

야곱은 세겜에서 겪은 일들을 계기로, 벧엘로 올라가서 하나님께 제사를 드리기 위해 집안사람들뿐만 아니라 자기와 함께한 모든 사람들에게 우상을 버리고 의복을 바꾸어 입으라 했습니다(2절). '의복을 바꾸어 입으라' 라는 말은 밧단 아람에서 나올 때 가져왔던 이방 문화의 유산인 우상들과 수호신으로 생각하는 귀고리, 야곱이 가장 사랑했던 아내 라헬이 가져온 가정 수호신 드라빔까지 버리고(창 31:19, 32), 경건한 모습으로 하나님께 예배를 드리라는 의미가 담겨 있습니다. 야곱은 하나님의 말씀에 순종하여 예배에 방해가 되는 모든 것들을 버리고 철저하게 회개하고 예배를 드렸기에 하나님께서 그 예배를 기뻐 받으셨습니다(7절).

온전한 예배는 드리는 것으로 끝나는 것이 아니라 나를 향한 하나님의 반응이 있어야 합니다. 하나님께서는 은혜와 감동으로, 때로는 깨달음을 주시므로 우리에게 반응하십니다. 예배를 드리는 현장에 있으면서 아무 것도 깨닫지 못하고 하나님의 반응도 확인하지 못한 채 돌아간다면 자신이 드리고 있는 예배를 점검해볼 필요성이 있습니다.

"너희가 내 앞에 보이러 오니 이것을 누가 너희에게 요구하였느냐 내 마당만 밟을 뿐이니라"(사 1:12)

2. 가족이 함께하는 예배입니다

야곱은 이미 자기 집에 살던 사람과 자기와 함께한 모든 자들에게 벧엘로 올라가자고 선포한 상태입니다(2-3절). 그 명령을 들은 모든 사람들이 벧엘로 올라갔습니다(6절). 온전한 예배는 온 가족이 함께 드리는 예배입니다. 이것이 야곱이 드린 예배를 하나님께서 기쁘게 받으신 이유입니다.

사사기 2장 10절에 "그 세대의 사람도 다 조상들에게로 돌아갔고 그 후에 일어난 다른 세대는 여호와를 알지 못하며 여호와께서 이스라엘을 위하여 행하신 일도 알지 못하였더라"라는 말씀이 있습니다. 사사 시대 이스라엘 백성들이 자녀들에게 신앙교육을 시키지 못한 결과에 대한 말씀입니다. 그들의 자녀들이 조상의 신앙을 물려받은 '다음 세대'가 되어야 하는데 우상을 섬기며 하나님을 대적하는 '다른 세대'가 되어 버렸습니다. 그 결과는 혹독한 징계로 이어졌습니다. "여호와께서 이스라엘에게 진노하사 노략하는 자의 손에 넘겨 주사 그들이 노략을 당하게 하시며 또 주위에 있는 모든 대적의 손에 팔아넘기시매 그들이 다시는 대적을 당하지 못하였으며 그들이 어디로 가든지 여호와의 손이 그들에게 재앙을 내리시니 곧 여호와께서 말씀하신 것과 같고 여호와께서 그들에게 맹세하신 것과 같아서 그들의 괴로움이 심하였더라"(삿 2:14-15).

그러므로 후손들에게 신앙의 유산이 상속될 수 있도록 온 가족 모두가 온전한 예배를 드리기 위해 힘써야 합니다.

"보라 형제가 연합하여 동거함이 어찌 그리 선하고 아름다운고"(시 133:1)

3. 온전한 예배는 응답이 있는 예배입니다

야곱이 벧엘로 올라왔을 때 하나님께서 야곱에게 복을 주셨습니다(9절). 과거에 얍복강 나루터에 나타나셔서 역사하셨던 하나님께서 다시 벧엘에 나타나셔서 얍복강 나루터에서 약속하셨던 그 말씀을 다시 확인시켜 주신 것입니다. 본문 10절 이하에 보면 "하나님이 그에게 이르시되 네 이름이 야곱이지마는 네 이름을 다시는 야곱이라 부르지 않겠고 이스라엘이 네 이름이 되리라 하시고 그가 그의 이름을 이스라엘이라 부르시고"라고 하시며 복을 주셨습니다. 이는 끝까지 복을 받고자 했던 야곱의 신앙을 단적으로 나타낸 증거입니다. 어떠한 일이 있어도 하나님의 복을 받고자 하는 야곱의 절박한 모습이 바로 예배자의 태도가 되어야 합니다.

예배드리는 태도는 내 믿음의 잣대입니다. 이 땅에 있는 모든 하나님의 백성들이 예배를 드리지만 모든 예배가 하나님께서 기뻐 받으시는 예배라고 할 수 없습니다. 그러므로 하나님은 지금 이 순간에도 참된 예배자를 찾고 계십니다. 내 일생 다가도록 야곱과 같이 온전한 예배자로 살아가기에 힘써야 합니다.

"아버지께 참되게 예배하는 자들은 영과 진리로 예배할 때가 오나니 곧 이 때라 아버지께서는 자기에게 이렇게 예배하는 자들을 찾으시느니라 하

나님은 영이시니 예배하는 자가 영과 진리로 예배할지니라"(요 4:23-24)

말씀 실천하기
- 온전한 예배를 위해 시정할 것이 있다고 지적을 받았다면 어떻게 하겠습니까?
- 온 가족이 함께 예배를 드리기 위해 실천할 일은 무엇입니까?

합심 기도하기
- 가족 복음화가 이루어지게 하옵소서!
- 온 가족이 온전한 예배자의 삶을 살게 하옵소서!

이러므로 우리에게 구름 같이 둘러싼 허다한 증인들이 있으니
모든 무거운 것과 얽매이기 쉬운 죄를 벗어 버리고
인내로써 우리 앞에 당한 경주를 하며
믿음의 주요 또 온전하게 하시는 이인 예수를 바라보자
그는 그 앞에 있는 기쁨을 위하여 십자가를 참으사
부끄러움을 개의치 아니하시더니 하나님 보좌 우편에 앉으셨느니라

– 히 12:1, 2

선지자들의 외침 – 신앙편

바이블 루트

PART 2

07 이스라엘의 구원자 모세

■ 본문 말씀
출 3:1-12

■ 이룰 목표
- 모세의 생애를 통해 하나님이 사람을 어떻게 쓰시는가를 안다.
- 구원의 역사를 이루어 가시는 하나님을 안다.

■ 본문 살피기
- 여호와의 사자가 모세에게 말씀하신 세 가지는 무엇입니까?(4-5절)
- 여호와께서 무엇을 보고, 듣고, 알았다고 하셨습니까?(7절)
- 이스라엘을 향한 하나님의 계획은 무엇입니까?(8-9절)

소그룹예배 인도 순서

사도신경 **다 같이**
찬　　송 **259장**(통 193)
기　　도 **회원 중**
본문 말씀 **출 3:1-12**
새길 말씀 **출 3:4-5**
헌금 찬송 **320장**(통 350)
헌금 기도 **회원 중**
주기도문 **다 같이**

말씀 나누기

애굽의 노예생활을 하던 레위 지파 중 한 가정의 아들로 태어난 모세는 바로의 산아 제한 정책으로 인해 석 달 동안만 부모의 손에서 돌봄을 받고 나일강에 버려졌습니다. 그러나 강가에 나온 바로의 공주에게 발견되어 공주의 아들로 입양되고, 그의 누이 소개로 모친이 유모로 들어가 궁중에서 모친으로부터 양육 받으며 왕족으로 성장하게 되었습니다.

모세는 모친에게서 이스라엘 민족의 역사

와 공주의 아들로서 애굽의 발달된 문명을 배우게 되었습니다. 이 모든 과정은 훗날 모세가 이스라엘 민족의 지도자로 세워지는 밑거름이 되었습니다. 모세라는 이름은 '물에서 건져냄을 받은 자'란 뜻으로 애굽 공주가 아이를 나일강에서 건져낸 것을 기념하여 붙여준 이름이었습니다. 그런데 놀랍게도 그 이름의 의미 속에 하나님께서 부과하신 민족적 사명이 담겨 있었습니다. 죽음의 강과 같은 애굽에서 백성을 '건져내야' 할 사명이 모세에게 주어진 것입니다. 120년의 모세 생애를 크게 세 가지로 살펴보겠습니다.

1. 모세는 애굽에서 자기 힘만 믿었던 왕자였습니다

이스라엘 백성의 인구 증가로 위협을 느낀 바로 왕의 탄압으로 이스라엘 백성은 박해와 견제 가운데 노예로 전락했습니다. 심지어 바로 왕은 이스라엘 백성들의 인구 증가를 억제하기 위해 모든 남자아이를 낳으면 나일강에 제물로 바치라는 극단적 억압정책을 시행하였습니다. 이때 태어난 아이가 바로 모세였습니다.

모세가 40세쯤 되었을 때 애굽의 학정에서 신음하고 있는 동족 이스라엘 백성들의 현장을 방문하였습니다. 그곳에서 이스라엘 백성을 때리는 애굽 사람을 발견하고 화가 치밀어 올라 그를 쳐 죽였습니다. 자신의 방법과 힘으로 이스라엘 사람을 도와주려다 바로의 화를 불러일으킨 모세는 미디안으로 목숨을 부지하기 위해 도망쳐야 했습니다. 하나님께서는 그런 모세를 그대로 쓰실 수 없었습니다. 연단이 필요했습니다.

하나님께서는 모세를 연단시키기 위해 왕자에서 양치기로 바꾸셨습니다. 순식간에 의식주를 비롯한 삶의 모든 상황을 낮추셨습니다. 하나님께서 이처럼 모세를 낮추신 것은 출애굽의 지도자로 모세를 만드시기 위한 하나님의 섭리였습니다. 따라서 지금 모세가 가지고 있었던 모든 힘을 다

빼고 전적으로 하나님만 의지하는 믿음의 사람으로 만드시기 위한 하나님의 방법이었습니다. 지금 내가 가지고 내가 의뢰하던 세상의 지식, 돈, 권력과 같은 세상의 힘을 다 빼고 오직 하나님만을 바라보고 하나님만을 의뢰할 때 하나님의 역사가 시작되는 것입니다.

"우리가 알거니와 하나님을 사랑하는 자 곧 그의 뜻대로 부르심을 입은 자들에게는 모든 것이 합력하여 선을 이루느니라"(롬 8:28)

2. 모세는 광야에서 훈련받은 미디안 목자였습니다

바로 왕을 피해 미디안으로 도망간 모세는 미디안 제사장 이드로의 양 무리를 치는 목자가 되었습니다. 매일 반복되는 광야에서의 생활은 자신이 얼마나 미약한 존재인가를 철저히 깨닫게 하였습니다. 그러나 이 시절이야말로 모세에게는 중요한 훈련 기간이었습니다. 세상의 교육은 인간을 위대하게 만들지만, 하나님의 교육은 인간을 겸손하게 만듭니다. 40년 동안의 미디안 광야에서의 생활은 애굽 왕자로서의 허울을 벗어내기에 충분했습니다. 연약한 양 떼를 키우려면 참을성이 있어야 합니다. 양 떼와 함께 천천히 걷는 것도 배워야만 했고, 어린 양을 부드럽게 보듬는 법도 체득해야만 했습니다. 또한 길을 잃고 헤매는 양 떼를 물가나 풀이 있는 곳으로 자상하게 몰 수 있어야 했습니다.

어느덧 모세는 80세가 되어 있었습니다. 이대로 끝날 것 같은 어느 날, 하나님께서 떨기나무 불꽃 가운데서 모세를 부르셨습니다. 하나님은 모세에게 "너의 선 곳은 거룩한 땅이니 네 발에서 신을 벗으라"고 말씀하셨습니다. 더러운 신을 벗어버리듯이, 주인의 자리에서 내려와 종이 되라는 의미합니다. 애굽에서 바로에게 고통받고 있는 이스라엘 민족을 구원하라는 부르심이었습니다. 모세는 거듭해서 자신의 연약함과 무능함을 들어 거절합니다. 그러나 하나님은 이러한 모세를 통해서도 일하십니다. 지금 우리에게 어떤 모양의 고난이나 상처가 있다면, 하나님께서 우리를 사용하시기 위한 하나의 과정으로 볼 수 있는 눈을 가져야 합니다.

"다만 이뿐 아니라 우리가 환난 중에도 즐거워하나니 이는 환난은 인내를, 인내는 연단을, 연단은 소망을 이루는 줄 앎이로다"(롬 5:3-4)

3. 모세는 온전히 하나님만 의지하는 출애굽의 지도자였습니다

자신감과 자만심으로 혈기왕성하던 40세의 청년 모세가 아니라, 이제 80세의 노인 모세로 하나님 없이는 아무것도 할 수 없다고 고백하는 나이에 부름받은 것입니다. 하나님께서는 모세와 함께 하시겠다고 약속하십니다. "내가 정녕 너와 함께 있으리라"(출 3:12), "내가 네 입과 함께 있어서 할 말을 가르치리라"(출 4:12)고 약속하셨습니다.

모세는 만군의 여호와의 이름을 가지고 담대하게 애굽 바로 앞에 나아가 혹사당하고 있는 이스라엘 백성을 놓아주어, 여호와께 제사를 드리게 해 달라고 요청하였습니다. 모세의 요구를 바로가 들어줄 리가 없었습니다. 하나님은 거절하는 애굽에 거듭해서 무서운 재앙을 아홉 번이나 내렸지만 바로의 마음은 더욱 강퍅해졌습니다. 그러나 열 번째의 재앙인 장자의 죽음 앞에서는 굴복했습니다.

모세는 수많은 가축과 유아 외에 장정만 60만 명이나 되는 거대한 이스라엘 민족을 이끌고 홍해를 건너 시내 산으로 갔습니다. 하나님께서는 시내 산에서 이스라엘 백성들과 언약을 맺으시고 40년 광야생활의 지도자로 모세를 세우셨습니다.

하나님께서 나이 들고 힘이 없는 모세를 부르신 것처럼, 주님의 부르심은 능력이 있거나 무엇인가를 할 수 있기 때문에 부르시는 것이 아닙니다. 오직 하나님의 시간에 하나님의 방법으로 일할 수 있는 일꾼을 부르십니다. 그러므로 성도가 힘써야 할 것은 주어진 모든 것이 하나님의 은혜임을 기억하고 하나님만 의지하는 신앙입니다.

"그러나 내가 나 된 것은 하나님의 은혜로 된 것이니 내게 주신 그의 은혜가 헛되지 아니하여 내가 모든 사도보다 더 많이 수고하였으나 내가 한 것이 아니요 오직 나와 함께 하신 하나님의 은혜로라"(고전 15:10)

말씀 실천하기
• 나를 부르신 하나님이 내게 주신 사명은 무엇입니까?
• 지난날 내가 경험한 고통과 아픔은 나에게 어떤 유익을 주었습니까?

합심 기도하기
• 나를 부르신 하나님의 뜻을 바르게 깨닫고 순종하며 살게 하소서.
• 잃어버린 영혼을 구원하는 전도의 사명을 온전히 감당케 하소서.

08 최초의 대제사장 아론

■ 본문 말씀
출 40:12-16

■ 이룰 목표
- 아론의 생애를 통해 사명과 중보자의 역할을 감당한다.
- 연약하여 넘어지기도 하지만 다시 회복하는 은혜를 깨닫는다.

■ 본문 살피기
- 거룩한 옷을 입히기 전에 어떻게 준비합니까?(12절)
- 아론에게 어떻게 해야 제사장 직분을 행할 수 있게 됩니까?(13절)
- 아론과 또 누가 기름부음을 받아 대대로 영영히 제사장이
  되었습니까?(14-15절)

소그룹예배 인도 순서

사도신경	**다 같이**
찬 송	**250장**(통 182)
기 도	**회원 중**
본문 말씀	**출 40:12-16**
새길 말씀	**출 40:13**
헌금 찬송	**321장**(통 351)
헌금 기도	**회원 중**
주기도문	**다 같이**

말씀 나누기

아론은 히브리어 '고상하다'라는 뜻으로 모세보다 세 살 위의 형입니다. 레위 지파 아므람과 요게벳의 장남으로 출애굽 할 때 하나님의 택하심으로 모세의 대변인 역할을 감당한 중요한 인물입니다. 하나님은 출애굽한 이스라엘 백성과 시내 산에서 언약을 맺으면서 하나님의 나라 백성으로서 살아가는 법을 모세를 통해 주셨습니다. 그리고 이 법을 집행하기 위해서 이스라엘 열두 지파 중 레위 지파를 집행자로 임명하셨고,

레위 지파 중에서도 아론 가문을 선택하여 제사장직을 수행하도록 하셨습니다.

아론은 새롭게 시작한 신정국가인 이스라엘 민족의 영적 지도자로서 율법을 따라 하나님 앞에 나아가 제사를 드리는 대제사장의 사명을 받았습니다. 아론 이후의 제사장들은 대대로 그의 후손을 통해 배출되었습니다. 이러한 아론의 사명과 삶을 살펴보겠습니다.

1. 아론은 모세의 대언자로서 하나님께 순종했습니다

아론은 그의 나이 83세에 모세의 대언자로서 사명을 받았습니다(출 7:1-7). 모세가 하나님의 부르심을 받았을 때 자신은 입이 둔하고 말을 잘하지 못한다고 했습니다. 그때 하나님은 아론을 부르셔서 모세의 대변인이자 하나님의 대변인으로서의 역할을 맡기게 하셨습니다. 그러므로 그는 모세에게 잠시라도 없어서는 안 될 모세의 오른팔과 같은 역할을 감당하게 되었습니다. 모세의 형이었지만 하나님께서 모세에게 주신 말씀을 잘 듣고, 그 말씀을 백성들과 바로에게 전하는 대언자 역할을 했습니다.

아론은 대언자이기 때문에 모세가 바로를 만날 때나 홍해를 가르는 기적의 장소와 아말렉과 싸울 때 모세의 팔을 부축하는 자리에도 함께 했습니다. 이처럼 아론은 하나님께서 명령하신 모세의 대언자 사명을 감당하는 동시에 동역자로 출애굽 사명의 역할까지 잘 수행하였습니다. 하나님은 동역자로서의 역할을 감당한 아론에게 대대로 제사장 족속의 복을 주셨습니다. 이와 같이 하나님께서는 모세처럼 일인자는 아니지만 보이지 않는 곳에서 성실히 주어진 직분을 감당하는 사람들을 기억하십니다. 맡겨진 일에 불평하는 것이 아니라 감사함으로 감당해 나가는 성도가 되어야 합니다.

"네가 네 하나님 여호와의 말씀을 삼가 듣고 내가 오늘 네게 명령하는 그의 모든 명령을 지켜 행하면 네 하나님 여호와께서 너를 세계 모든 민족 위에 뛰어나게 하실 것이라"(신 28:1)

2. 아론은 최초의 대제사장으로 쓰임 받았습니다

이스라엘 백성들은 시내 산에서 하나님과 언약을 맺었습니다. 하나님은 그들의 하나님이 되셨고 그들은 하나님의 백성이 되었습니다. 그리고 아론은 하나님과 백성들을 연결해 주는 최초의 대제사장으로 세움을 받았습니다(출 28:1-4). 모세는 이스라엘 회중들이 모인 회막에서 아론의 머리에 관유를 부었습니다. 거룩한 기름부음으로 아론은 백성을 대표하여 하나님께 제사를 드리고 백성의 죄를 속죄하는 중재자가 되었습니다. 또한 대제사장은 중보자로서 백성들을 위해 하나님께 간구하고 축복할 수 있는 특권이 주어졌습니다. 아론이 백성을 축복하매 여호와의 영광이 온 백성에게 나타나며 여호와 앞에서 불이 나와 단 위의 번제물과 기름을 살랐습니다. 그리고 그의 축복이 그대로 백성들에게 임했습니다. 이런 아론의 중보자적 사명은 예수 그리스도를 통해서 완성하셨습니다. 아론은 짐승의 피를 가지고 하나님께 나아갔지만 예수님은 자신의 피를 가지고 하나님 앞에 나아가 영원한 속죄를 이루셨습니다. 이스라엘 백성을 위해 드려졌던 아론의 희생 제사는 친히 십자가에 달려 돌아가심으로 대속 제물이 되신 예수 그리스도의 예표였습니다.

"그러나 이제 그는 더 아름다운 직분을 얻으셨으니 그는 더 좋은 약속으로 세우신 더 좋은 언약의 중보자시라"(히 8:6)

3. 아론은 연약하여 넘어지기도 하였지만 끝까지 사명을 다하였습니다

아론은 광야에서 모세와 함께 말씀에 순종할 뿐만 아니라 백성들을 인도했습니다. 비록 연약한 인간이라 실수도 하고 넘어지기도 하였지만 그때마다 하나님을 바라보았습니다. 모세가 하나님의 계명을 받기 위해 시내 산으로 들어갔을 때, 아론은 모세를 대신하여 이스라엘 백성들을 지도하게 되었습니다. 모세가 오랫동안 산에서 내려오지 않자 광야 생활에 지친 백성의 불평은 커져만 갔습니다. 백성들은 아론에게 몰려가 "우리는 더 이상 못 참겠소 산에 간 모세는 소식조차 없으니 우리를 인도할 신을 만들어 주십시오(출 32:1)"라고 부탁했습니다. 아론은 우상을 금하는 하나님의 명령을 분명히 알고 있었음에도 불구하고 금송아지 우상을 만들어 백성들로 하여금 숭배하게 하는 큰 실수를 했습니다.

백성의 요구를 거절할 용기가 없었던 아론은 얼마나 자신이 연약한 사람인지를 잘 알았기에 더욱더 하나님 앞에 엎드려 하나님의 은혜를 사모하였습니다. 그리고 하나님의 명령대로 순종하기를 원했습니다. 아론은 광야의 호르 산에서 수명을 다하기까지(민 20:22-29) 이스라엘의 지도자로서 백성들을 바르게 지도하며 하나님의 말씀 앞에 순종하며 사명을 다하였습니다.

우리 역시 아론처럼 때때로 실수할 수밖에 없는 연약한 존재입니다. 그렇기 때문에 하나님의 은혜를 바라볼 수밖에 없습니다. 아론의 연약함을 아시는 하나님을 의지하여 맡겨주신 사명과 직분을 끝까지 감당하며 살아가야겠습니다.

"나는 선한 싸움을 싸우고 나의 달려갈 길을 마치고 믿음을 지켰으니 이제 후로는 나를 위하여 의의 면류관이 예비되었으므로 주 곧 의로우신 재판장이 그 날에 내게 주실 것이며 내게만 아니라 주의 나타나심을 사모하는 모든 자에게도니라"(딤후 4:7-8)

말씀 실천하기

- 하나님께서 내게 맡겨주신 사역에 감사하고 있습니까?
- 연약하여 넘어졌지만 다시 일어나 사명을 감당하고 있습니까?

합심 기도하기

- 겸손하게 하나님의 말씀을 잘 듣고 순종하는 삶을 살게 하소서.
- 어떤 어려움이 와도 변함없이 주신 사명을 감당하게 하소서.

09 첫 번째 사사 옷니엘

■ 본문 말씀
삿 3:7-11

■ 이룰 목표
- 순종을 통해 하나님의 약속이 성취됨을 안다.
- 하나님의 일은 전심으로 성령님을 의존할 때 이루어짐을 안다.

■ 본문 살피기
- 이스라엘 자손들의 죄는 무엇입니까?(7절)
- 죄에 대해 진노하신 하나님은 어떻게 징계하셨습니까?(8절)
- 하나님이 사사 옷니엘을 세우신 이유는 무엇입니까?(9절)

소그룹예배 인도 순서

사도신경	다 같이
찬　　송	347장(통 382)
기　　도	회원 중
본문 말씀	삿 3:7-11
새길 말씀	삿 3:10
헌금 찬송	348장(통 388)
헌금 기도	회원 중
주기도문	다 같이

말씀 나누기

사사 시대에는 이스라엘에 왕이 없으므로 사람들이 자기 소견에 옳은 대로 행하며 살았습니다(삿 21:25). 하나님을 왕으로 인정하지 않고 각자 하고 싶은 대로 하는 영적인 불순종의 시대였습니다. 그러기에 그들은 하나님의 말씀을 떠나 우상을 숭배하고 악을 행하였습니다. 하나님은 그들의 죄악을 보시고 진노하셨습니다. 하나님께서 그들을 "메소보다미아 왕 구산 리사다임의 손에 파셨으므로 이스라엘 자손이 구산 리사다임을 팔 년을 섬겼더니"(8절)라고 하였습니다. 그들은 주권까지 빼앗기고 노예 신세로 전락하게 되었습니다. 그때에야 비로소 하나님을 찾고 부르짖었습니다. 하나님은 그들을 위해 한 구원자를 세우셨습니다. 그가 바로 첫 번째 사사인 옷니엘입니다. 하나님이 구원자로 세우신 첫 번째 사사 옷니엘은 어떤 사람인지 살펴보겠습니다.

1. 옷니엘은 믿음의 사람입니다

많은 백성들이 우상을 섬기며 하나님께 악을 행했던 때에 옷니엘은 하나님의 부르심을 받아 사사로 쓰임 받게 될 정도로 악을 배격하고 하나님을 믿었던 강직한 믿음의 소유자였습니다(삿 3:7-9). 본문 9절 말씀은 "이스라엘 자손이 여호와께 부르짖으매 여호와께서 그들을 위하여 한 구원자를 세워 구원하게 하시니 그는 곧 갈렙의 아우 그나스의 아들 옷니엘이라"라고 기록하고 있습니다. 사사 옷니엘은 과거 가나안 정복 과정 중 이미 그의 헌신적인 삶을 통해 하나님께 인정받은 바 있습니다. 즉 그는 남들이 꺼리는 드빌의 공략에 있어서 솔선수범하였을 뿐만 아니라 매우 용감하게 그 성을 정복하는 데 큰 공을 세웠습니다(삿 1:11-13). 옷니엘이 이처럼 생명을 걸고 싸우는 전쟁터에서 승리했다는 것은 하나님을 온전히 신뢰하고 하나님의 명령을 따라 순종하는 믿음의 사람이었음을 의미하는 것입니다. 그는 하나님을 전적으로 신뢰함으로 믿음으로 하나님께서 기업으로 주신 땅을 정복할 수 있었습니다. 이러한 그의 공로로 인해 그는 갈렙의 아우이었지만 갈렙의 딸 악사와 결혼함으로 갈렙의 사위가 될 수 있었습니다. 뿐만 아니라 그는 이스라엘을 8년 동안이나 억압한 구산 리사다임 군대와 싸워 승리하고 이스라엘을 억압에서 구원할 수 있었습니다.

전쟁은 하나님께 속한 것이므로 하나님에 대한 온전한 믿음으로 순종하며 나아갈 때 하나님께서 함께하심으로 승리를 얻게 된 것입니다. 이처럼 옷니엘이 이스라엘의 구원자가 될 수 있었던 것은 그와 함께 하는 군대나 무기가 아니라 하나님에 대한 온전한 믿음이었습니다.

"믿음이 없이는 하나님을 기쁘시게 하지 못하나니 하나님께 나아가는 자는 반드시 그가 계신 것과 또한 그가 자기를 찾는 자들에게 상 주시는 이심을 믿어야 할지니라"(히 11:6)

2. 옷니엘은 성령의 사람이었습니다

"여호와의 영이 그에게 임하셨으므로 그가 이스라엘의 사사가 되어 나가서 싸울 때에 여호와께서 메소보다미아 왕 구산 리사다임을 그의 손에 넘겨 주시매 옷니엘의 손이 구산 리사다임을 이기니라"라는 10절 말씀의 중심은 "여호와의 영"이 그에게 임한 사실입니다. 옷니엘이 하나님이 쓰시는 사사로 사명을 감당할 수 있었던 동력은 하나님의 영이 임했기 때문입니다. 뿐만 아니라 구산 리사다임과 싸워서 이길 수 있었던 것도 하나님의 영 때문이었습니다. 하나님의 영, 즉 성령이 역사하셨다는 것은 하나님이 그 전쟁에 함께 하셔서 승리로 이끄셨다는 것을 의미합니다. 물론 옷니엘은 아주 뛰어난 군사였습니다. 그는 전쟁의 경험이 많은 군사였고 지혜가 있는 사람이었습니다. 그러나 하나님이 옷니엘과 함께 하신 이유는 하나님의 주권을 인정하고 하나님의 말씀을 순종하는 믿음이 있었기 때문입니다.

하나님의 일은 언제나 하나님을 신뢰하고, 하나님의 영이 임한 사람을 통해 이루어집니다. 그때 비로소 그 사람은 자기의 지혜나 능력을 자랑하지 않고 오직 하나님께 영광을 돌릴 수 있는 것입니다. 그래서 하나님은 믿음의 사람을 찾으시고 성령의 사람을 찾습니다. 옷니엘은 바로 성령의 사람이었습니다.

> "하나님이 나사렛 예수에게 성령과 능력을 기름 붓듯 하셨으매 그가 두루
> 다니시며 선한 일을 행하시고 마귀에게 눌린 모든 사람을 고치셨으니 이
> 는 하나님이 함께 하셨음이라"(행 10:38)

3. 옷니엘은 희생의 사람이었습니다

옷니엘이 하나님께 사사로 쓰임 받은 때 나이가 여든 살이었습니다. 대
부분의 사람들은 나이가 들수록 조금 더 편한 삶을 원합니다. 옷니엘은
유대 남방 도시였던 헤브론에서 큰 농지를 소유하고 목축을 하며 유다
지파의 지도자로서 안락하고 평온한 삶을 살고 있었습니다. 그런 때 이
스라엘에 위기가 찾아온 것입니다. 하나님은 위기에 처한 이스라엘을 건
져낼 하나님의 사람을 찾으셨습니다. 그때 옷니엘은 자기의 안위를 넘어
서 민족의 구원을 위해 분연히 일어났습니다. 젊은 나이도 아니었지만 하
나님의 뜻을 따라 민족의 구원을 위해 자신을 드리기로 작정한 것입니다.
옷니엘은 오로지 하나님을 믿고 그 말씀에 순종하여 위기에 처한 이스라
엘을 구원하는 사사의 사명을 이루기 위해 자신을 하나님께 아낌없이 드
린 것입니다. 옷니엘 한 사람의 희생과 헌신으로 그 땅에 40여 년간의 평
화가 찾아왔습니다(11절).

위대한 역사 뒤에는 언제나 예수님처럼 한 알의 밀알이 되어 자신을 희
생한 사람이 있습니다. 옷니엘은 나 자신의 안일과 평안을 찾기보다 하나
님의 구원의 역사에 동참하고 다음 세대를 위해 자기를 아낌없이 헌신했
습니다.

> "인자가 온 것은 섬김을 받으려 함이 아니라 도리어 섬기려 하고 자기 목

숨을 많은 사람의 대속물로 주려 함이니라"(마 20:28)

말씀 실천하기
- 하나님의 말씀과 내 생각이 충동할 때 어떻게 결정합니까?
- 하나님의 일을 행할 때 성령의 도우심을 어떻게 받고 있습니까?

합심 기도하기
- 무슨 일을 하든지 하나님의 뜻을 묻고 그 뜻대로 순종하게 하소서.
- 주의 일을 행할 때 성령의 도우심을 구하며 하나님께 영광을 돌리는 삶을 살게 하소서.

10 믿음의 여사사 드보라

■ 본문 말씀
샷 4:1-10

■ 이룰 목표

- 하나님의 뜻을 이루려면 먼저 말씀을 들어야 함을 안다.
- 하나님이 함께 하시면 누구라도 구원을 이룰 수 있음을 안다.

■ 본문 살피기

- 이스라엘 백성이 고통당하는 이유가 어디에 있습니까?(1-3절)
- 고통당할 때 이들이 한 일은 무엇입니까?(3절)
- 하나님은 드보라에게 어떤 명령과 약속을 하셨습니까?(6-7절)

소그룹예배 인도 순서

사도신경	다 같이
찬 송	390장(통 444)
기 도	회원 중
본문 말씀	샷 4:1-10
새길 말씀	샷 4:5
헌금 찬송	406장(통 464)
헌금 기도	회원 중
주기도문	다 같이

말씀 나누기

드보라라는 이름의 뜻은 '꿀벌'입니다. 꿀벌처럼 열심히 일해서 사람을 유익하게 하는 사람이라는 의미일 것입니다. 그녀는 에브라임 출신으로 '랍비돗'이라는 남자와 결혼한 가정주부입니다. 사사 에훗과 삼갈의 활약으로 80년 동안을 평화롭게 지내던 이스라엘은 에훗이 죽은 후 다시금 여호와의 목전에서 악을 행함으로 하나님의 진노를 불러왔습니다. 하나님은 가나안의 하솔 왕 야빈을 들어 이스라엘이 회개하기까지 무려 20년 동안을 압제하게 하셨습니다. 결국 이스라엘 백성들은 고통에서 신음하며 자신들의 죄를 회개하였습니다. 그리고 하나님께 부르짖어 기도할 때 하나님께서 여선지자였던 드보라를 사사로 세우시고 이스라엘을 위기에서 구원하셨습니다. 여선지자인 드보라는 어떤 인물인지를 살펴보겠습니다.

1. 드보라는 하나님의 말씀을 듣고 전하는 여선지자였습니다

본문 4절 "그 때에 랍비돗의 아내 여선지자 드보라가 이스라엘의 사사가 되었는데"라고 했습니다. 그녀는 사사이기 이전에 하나님의 말씀을 듣고 전하는 여선지자였다는 것입니다. 그녀가 영적으로 암울한 사회에서 사사가 될 수 있었던 것은 무엇보다 하나님과 그분의 말씀을 소중히 여겼기 때문이었습니다. 그 당시 모두가 절망하고 자기중심으로 살아갈 때 여자임에도 불구하고 하나님의 부르심을 받아 사사가 되었습니다. 또한 드보라가 이스라엘의 사사가 될 수 있었던 것은 자신의 능력이라기보다는 그녀를 부르신 하나님께서 그녀에게 말씀을 주셨고 말씀을 통해 큰 믿음을 갖게 된 것입니다. 이십 년 동안이나 가나안 왕 야빈에게 심히 학대받음으로 절망하며 하나님께 부르짖었던 이스라엘 백성들의 구원자로 하나님께서 드보라를 선택하신 것입니다. 드보라는 하나님께서 함께 하신다면 나라와 민족을 구할 수 있다고 확신했습니다.

그러므로 하나님의 구원역사는 내가 힘이 있고 없고의 문제가 아니라 하나님께서 나와 함께 하시느냐의 문제입니다. 뿐만 아니라 하나님의 말씀을 잘 듣고 믿음을 가진 자는 그가 어떤 형편에 있든지 하나님은 그를 통해 하나님의 구원 역사를 이루어 주십니다.

"네가 네 하나님 여호와의 말씀을 삼가 듣고 내가 오늘 네게 명령하는 그

의 모든 명령을 지켜 행하면 네 하나님 여호와께서 너를 세계 모든 민족 위에 뛰어나게 하실 것이라"(신 28:1)

2. 드보라는 민족을 위해 끊임없이 기도하는 사사였습니다

사사기 5장 31절에 "여호와여 주의 원수들은 다 이와 같이 망하게 하시고 주를 사랑하는 자들은 해가 힘있게 돋음 같게 하시옵소서 하니라 그 땅이 사십 년 동안 평온하였더라"라고 기록하고 있습니다.

이 말씀은 두 부분으로 나눌 수 있는데 첫 번째는 '주의 원수들' 즉, 당시 철 병거로 이스라엘을 20년 동안 억압하고 학대한 가나안이 망한 것처럼 앞으로도 이스라엘을 괴롭히는 모든 대상을 망하게 해 달라는 민족적 구원을 위한 기도입니다. 두 번째는 '주를 사랑하는 자들은 해가 힘있게 돋음 같게 해 달라'는 신앙회복을 위한 기도입니다.

이 기도를 통해 드보라는 '전쟁에서의 승리는 하나님이 함께 하셨기 때문' 임을 명확히 알고 있음을 엿볼 수 있습니다. 그래서 먼저 '여호와'를 부르며 기도한 것입니다. 또한 이 기도를 통해 전쟁과 박해의 원인도 '이스라엘 백성들이 하나님을 떠난 악'에서 비롯된 것임을 알고 있었음도 엿볼 수 있습니다. 드보라가 기도한 '주를 사랑하는 자들'은 악을 버리고 다시 '하나님께 돌아온 자들'을 가리키기 때문입니다.

드보라의 기도처럼 이스라엘은 40년 동안 평온하였습니다. 이 말씀은 드보라의 기도 속에 이스라엘 백성들이 하나님을 섬기며 그분의 뜻을 따라 산 40년 이란 기간 동안 평온이 찾아왔음을 증거하고 있습니다. 이처럼 문제의 원인을 정확히 파악하고 하나님께 기도하는 지도자 드보라가 있었고 백성들이 하나님 앞에서 거룩한 삶을 살 때 참된 평화가 찾아온 것입니다.

"또 여호와의 구원하심이 칼과 창에 있지 아니함을 이 무리에게 알게 하리라 전쟁은 여호와께 속한 것인즉 그가 너희를 우리 손에 넘기시리라"(삼상 17:47)

3. 드보라는 백성과 함께 하는 지도자였습니다

사사기 4장 5절 말씀처럼 드보라는 주어진 사사의 직분을 따라 이스라엘 백성들을 다스렸습니다. "그는 에브라임 산지 라마와 벧엘 사이 드보라의 종려나무 아래에 거주하였고 이스라엘 자손은 그에게 나아가 재판을 받더라"(삿 4:5).

그러던 어느 날 압제당하는 이스라엘 백성을 구원하라는 하나님의 명령을 받습니다. 이것은 드보라가 아비노암의 아들 바락에게 이르는 사사기 4장 6절의 "이스라엘의 하나님 여호와가 이같이 명령하지 아니하셨느냐"라는 말에 잘 드러나 있습니다. 하나님으로부터 사명을 받은 드보라는 즉시 아비노암의 아들 바락에게 군대 징집령을 내리고 전쟁을 준비하지만, 바락은 사사 드보라에게 이렇게 말합니다. "바락이 그에게 이르되 만일 당신이 나와 함께 가면 내가 가려니와 만일 당신이 나와 함께 가지 아니하면 나도 가지 아니하겠노라"(삿 4:8). 드보라에게 전쟁에 동참에 달라는 바락의 요청입니다. 이때 드보라는 기꺼이 바락과 함께 전쟁에 참여합니다. "바락이 스불론과 납달리를 게데스로 부르니 만 명이 그를 따라 올라가고 드보라도 그와 함께 올라가니라"(삿 4:10). 그리고 전투에 임하는 바락에게 힘과 용기를 불어넣어 줍니다. "드보라가 바락에게 이르되 일어나라 이는 여호와께서 시스라를 네 손에 넘겨 주신 날이라 여호와께서 너에 앞서 나가지 아니하시느냐 하는지라"(삿 4:14).

이처럼 사사 드보라는 백성들과 함께 하며 백성들이 두려움을 극복하여 승리할 수 있도록 하는 지도자로서의 모범을 보였습니다.

"이 전쟁에는 너희가 싸울 것이 없나니 대열을 이루고 서서 너희와 함께한 여호와가 구원하는 것을 보라 유다와 예루살렘아 너희는 두려워하지 말며 놀라지 말고 내일 그들을 맞서 나가라 여호와가 너희와 함께 하리라 하셨느니라"(대하 20:17)

말씀 실천하기
• 죄로 인해 고통을 당한 경험이 있습니까?
• 고난당할 때 어떻게 극복했습니까?

합심 기도하기
• 무엇보다 말씀을 잘 듣고 순종하는 삶을 살게 하소서.
• 어려움에 처할지라도 믿음으로 승리하는 삶을 살게 하소서.

11 나실인 사사 삼손

■ 본문 말씀
고전 6:9~20

■ 이룰 목표
- 하나님께서 구원 역사를 어떻게 이루시는지를 안다.
- 하나님이 주신 힘을 정욕을 위해 사용할 때 어떤 화가 임하는지를 안다.

■ 본문 살피기
- 여호와의 목전에서 악을 행할 때 어떤 일이 일어났습니까?(1절)
- 삼손은 어떻게 태어났습니까?(2-3절)
- 나실인의 규정 세 가지는 무엇입니까?(4-5절)

소그룹예배 인도 순서

사도신경 **다 같이**
찬   송 **546장**(통 399)
기   도 **회원 중**
본문 말씀 **창 6:9-22**
새길 말씀 **창 6:8**
헌금 찬송 **288장**(통 204)
헌금 기도 **회원 중**
주기도문 **다 같이**

말씀 나누기

이스라엘 민족은 가나안 땅에 정착한 이후, 계속적으로 주변 이방인들에게 지배와 압박을 받아왔습니다. 그리고 그러한 위기 때마다 백성들을 비로소 자신들의 죄를 회개하고 하나님께 부르짖고 그 응답으로 사사를 부르셔서 이스라엘을 위기에서 구원하셨습니다. 특별히 사사 시대 말기엔 블레셋 사람들의 세력이 급속히 증대됨으로써 이스라엘은 큰 위협에 직면하게 되었습니다. 그럼에도 불구하고 이스라엘은 하나님 앞에서 악을 행하며 우상을 숭배하고 가나안 사람들과 함께 거하면서 구별 없이 살아, 선민 공동체가 와해될 상황이었습니다. 하나님은 블레셋을 통해 이스라엘을 징계하심으로 40년 동안이나 압제를 받게 하셨습니다. 그러나 하나님은 자기 백성들을 긍휼히 여기셔서 삼손을 나실인으로 구별하시고 그를 통해 이스라엘의 구원 역사를 이루게 하셨습니다. 그러면 삼손이 어떤 인물인지 본문 말씀을 중심으로 살펴보겠습니다.

1. 삼손은 나실인으로 사사가 되었습니다

삼손은 소라 땅 단 지파 마노아란 사람의 아들로 태어나 20년 동안 사사로 활동하였습니다. 삼손은 이스라엘의 12사사 중에서 마지막 사사로 특이한 인물입니다. '삼손'은 히브리어로 '작은 태양' 혹은 '태양의 사람'이라는 뜻입니다. 그는 본래 임신하지 못하던 마노아의 가정에 하나님의 은혜로 주신 아들이었습니다. 그러므로 모태에서부터 이스라엘을 구원하는 나실인으로 선택되어 나실인의 세 가지 규정을 지키게 하셨습니다. 첫째는 포도주와 독주를 마시지 말라. 둘째는 죽은 시체나 부정한 것을 가까이 하지 말라. 셋째는 머리를 깎지 말 것을 말씀했습니다. 이처럼 모태에서부터 구별된 삼손은 하나님의 영이 함께 하심으로의 엄청난 '힘'을 소유한 자가 되었습니다. 삼손이 결혼하기 위해 딤나에 내려갔다가 포도원에서 울부짖는 젊은 사자를 보고 맨손으로 염소 새끼를 찢듯 찢어 죽일 정도로 힘이 세었습니다.

15장에서는 여우 300마리를 붙잡아서 꼬리를 서로 묶어 불을 붙여 블레셋 사람들의 곡식밭으로 보냄으로 곡식과 함께 모든 양식을 불태워버리기도 했습니다. 화가 난 블레셋 사람들이 삼손을 잡으려고 할 때 계략을 써서 블레셋 진중으로 잡혀 들어가는 척하다가 나귀 턱뼈로 블레셋 사람 일천 명을 한 자리에서 죽이기도 하였습니다. 이처럼 삼손은 하나님이 주신 힘을 사용하여 이스라엘의 사사의 역할을 감당했습니다.

삼손이 하나님께서 주신 힘으로 이스라엘 백성을 구하는 곳에 사용한 것처럼, 하나님이 우리에게 주신 능력과 힘을, 생명을 구하고 영혼을 살리는 데 사용해야 합니다.

"너희는 그 은혜에 의하여 믿음으로 말미암아 구원을 받았으니 이것은 너희에게서 난 것이 아니요 하나님의 선물이라"(엡 2:8)

2. 삼손은 약점을 다스리지 못한 사사이기도 했습니다

하나님의 영이 함께하는 삼손은 초인적인 힘을 발휘하여 블레셋 군대를 물리쳤습니다. 이처럼 감히 그를 대적할 사람이 없을 정도로 강력해지자 그는 하나님의 영의 인도를 받기보다는 육신의 욕망을 좇아 살기 시작하였습니다. 삼손은 적국인 블레셋 땅 가사에 내려가서 한 기생을 보고 그에게로 들어갑니다(삿 16:1). 하나님의 사람으로 성별된 사사가 육신의 정욕에 이끌려 이방 기생을 찾아간 것입니다. 삼손의 치명적인 약점은 이처럼 이성의 유혹에 약하다는 것이었습니다. 결국 삼손은 하나님의 선택받은 나실인이었지만 사사로서의 사명을 망각하고 성적 방종에 빠지고 말았습니다. 그는 위대한 영웅이었으나 자기 자신을 절제하지 못함으로 죄악의 길에 들어선 것입니다.

삼손은 일찍이 블레셋 여인과 혼인했을 때 블레셋 사람들에게 수수께끼를 내었는데 결혼한 여인이 계속 울며 재촉하자 수수께끼의 비밀을 가르쳐 줌으로써 큰 곤란을 겪기도 하였습니다. 또 소렉 골짜기의 들릴라라는 여인을 사랑하게 됩니다. 돈에 매수된 들릴라의 집요한 요구에 삼손은 자신의 힘의 근원이, 나실인의 표징인 긴 머리에서 나온다고 누설하고 말았습니다. 결국 삼손이 들릴라의 무릎을 베고 잠든 사이, 힘의 원천인 머리카락이 잘리고 말았습니다. 이렇게 하여 삼손은 영광스러운 자리에서 굴욕의 진흙탕으로 떨어지고 말았습니다.

삼손이 이같이 약점을 다스리지 못하여 하나님의 사역에 충실하지 못했던 것처럼 하나님은 성도들이 이런 약점이나 죄에 눌려 살기를 원하지 않으십니다. 그래서 하나님은 보혜사 성령을 보내셔서 우리로 하여금 깨닫게 하시고 힘과 능력을 주시고 시험을 이길 수 있도록 선한 길로 인도하십니다. 그러므로 우리가 성령을 좇아 살 때 육체의 소욕을 이기고 하나님의 뜻을 이루어 갈 수 있습니다.

"그러므로 땅에 있는 지체를 죽이라 곧 음란과 부정과 사욕과 악한 정욕과 탐심이니 탐심은 우상 숭배니라"(골 3:5)

3. 삼손은 회개한 후 최후를 맞이하였습니다

하나님의 영이 떠난 삼손은 비참하게 블레셋 사람들에게 붙잡혀 눈은 뽑혀지고 감옥에서 맷돌을 돌리는 죄수의 신세로 전락하고 말았습니다. 시간이 흘러 나실인의 상징인 그의 머리털은 다시 자라기 시작했습니다. 어느 날 블레셋 사람들이 그들의 신 다곤에게 큰 제사를 드리며 잔치를 벌일 때 삼손을 끌어내어 재주 부리게 하며 희롱하였습니다. 이때 삼손은 신전을 버틴 두 기둥을 하나는 왼손으로, 하나는 오른손으로 껴안고 하나님께 부르짖습니다. "하나님이여 구하옵나니 이번만 나를 강하게 하사 나의 두 눈을 뺀 블레셋 사람에게 원수를 단번에 갚게 하옵소서. 내가 블레셋 사람과 함께 죽기를 원합니다"하고 힘을 다해 몸을 굽히매 그 집이 무너져 그 안에 있는 모든 방백과 온 백성에게 덮쳐 삼손이 죽을 때에 죽인 자가 살았을 때에 죽인 자보다 더 많았습니다. 이것이 성경이 전하는 사사 삼손의 마지막 모습입니다. 삼손은 육신의 욕망에 사로잡힌 범죄

한 영혼이었음에도 불구하고 자신의 죄를 회개하고 돌이킬 때에 하나님은 그의 기도를 들어 주셨습니다. 이를 통해 우리는 하나님의 은총과 긍휼하심을 다시 한 번 찬양하게 됩니다. 또한 진실로 회개하는 자를 긍휼히 여기셔서 기회를 주시고 사명을 감당하게 하신 하나님이심을 알게 하셨습니다.

"나는 선한 싸움을 싸우고 나의 달려갈 길을 마치고 믿음을 지켰으니 이제 후로는 나를 위하여 의의 면류관이 예비되었으므로 주 곧 의로우신 재판장이 그 날에 내게 주실 것이며 내게만 아니라 주의 나타나심을 사모하는 모든 자에게도니라" (딤후 4:7-8)

말씀 실천하기
- 그리스도인으로서 믿지 않는 사람과 무엇이 달라야 한다고 생각합니까?
- 하나님이 주신 은사를 어떻게 하나님을 위해 사용하고 있습니까?

합심 기도하기
- 육신의 정욕을 이기고 하나님의 뜻을 따라 순종하는 삶을 살게 하소서
- 내게 주신 하나님의 은사를 하나님의 영광을 위해 사용하게 하소서

12 새 시대의 길을 연 사무엘

■ 본문 말씀
삼상 7:5-14

■ 이룰 목표

– 기도는 먼저 해야 할 일이고 무엇보다 중요한 일임을 안다.
– 하나님의 말씀에 귀 기울여 듣는 것이 내가 사는 길임을 안다.

■ 본문 살피기

– 미스바에 모인 이스라엘 백성들에게 어떤 일이 일어났습니까?(5-6절)
– 이스라엘 백성들이 사무엘에게 요구한 것은 무엇입니까?(8절)
– 이스라엘이 어떻게 블레셋 군대를 이길 수 있었습니까?(9-10절)

소그룹예배 인도 순서

사도신경	**다 같이**
찬 송	**292장**(통 415)
기 도	**회원 중**
본문 말씀	**삼상 7:5-14**
새길 말씀	**삼상 7:12**
헌금 찬송	**357장**(통 397)
헌금 기도	**회원 중**
주기도문	**다 같이**

말씀 나누기

사사 시대 말기에 이스라엘 백성들이 하나님을 왕으로 인정하지 않고 자기들이 하고 싶은 대로 행했습니다. 이 시대에 에브라임 사람 엘가나의 아내로 오랫동안 아기를 낳지 못해 남편의 다른 아내인 브닌나에게 멸시를 당했던 한나가 있었습니다. 한나는 하나님 앞에 나아가 통곡하며 심정을 통한 기도를 드렸습니다(삼상 1:15). 하나님께서 이러한 한나의 기도를 들으시고 아들을 주셨는데 그 이름이 바로 사무엘이었습니다.

'사무엘'이라는 이름은 '하나님께서 들으셨다'라는 뜻입니다. 한나는 사무엘을 젖 뗀 후 자신이 서원한 대로 하나님께 드려 제사장과 함께 하나님 앞에서 자라게 했습니다. 이러한 사무엘이 이스라엘의 사사가 되어 그들을 괴롭히던 블레셋 군대를 물리치고 흩어져 있던 열두 지파를 하나로 뭉치게 함으로 민족 통합의 길을 열었습니다. 이후 우여곡절 끝에 사무엘은 백성의 요구로 사사 시대를 종결하고 사울에게 기름부음으로 왕정시대의 막을 오르게 했습니다. 이처럼 새 시대의 문을 연 민족의 지도자로 크게 쓰임 받았던 사무엘은 어떤 사람이었는지 본문 말씀을 통해 살펴보겠습니다.

1. 사무엘은 기도하는 일을 사명으로 알았습니다

사무엘은 기도하는 선지자였습니다. 그는 어머니 한나의 기도로 태어나서 어릴 때부터 성막에서 살며 하나님을 가까이 하는 삶을 살았습니다. 그의 스승이었던 엘리 제사장은 하나님의 말씀에 순종하지 않으므로 하나님의 말씀을 잘 듣지도 못하였습니다. 그때 하나님께서 어린 사무엘을 불러 하나님의 말씀을 들려주셨습니다. 이처럼 어려서부터 하나님께 드려진 자로 하나님의 말씀을 들었고 하나님 앞에 기도하는 일을 쉬지 않았습니다. 사무엘상 12장 23절에 '내가 이 백성을 위하여 기도하기를 쉬는 죄를 여호와 앞에서 결코 범하지 아니했다'라고 사무엘은 그의 신앙을 고백했습니다. 사무엘은 이처럼 기도하는 사람이었습니다. 사무엘은 민족이 위기에 처해있을 때 백성들에게 회개를 촉구하며 함께 금식하며 기도했습니다. 뿐만 아니라 부르짖어 기도했습니다. 부르짖는 기도는 매우 적극적이고 강렬한 기도의 표현입니다. 이처럼 그는 어려운 일이 있을 때마다 무릎을 꿇고 여호와 하나님을 찾고 부르짖어 기도하며 하나님의 뜻 앞에 자기를 내려놓았습니다. 결국 이런 기도가 하나님을 멸시하며 자기

중심으로 살아가는 백성들에게 회개와 결단을 촉구하게 되었고 하나님의 손을 움직여 이스라엘을 위기로부터 건져내게 되었습니다.

"너는 내게 부르짖으라 내가 네게 응답하겠고 네가 알지 못하는 크고 은밀한 일을 네게 보이리라"(렘 33:3)

2. 사무엘은 하나님의 말씀을 증거하는 선지자였습니다

선지자란 하나님의 말씀을 증거하고 전파하는 사람입니다. 하나님은 선지자의 입을 통하여 백성에게 하고 싶은 말씀을 들려주셨습니다. 위로하실 때, 책망하실 때, 그리고 멸망을 선포하실 때에도 선지자를 통해 말씀하셨습니다. 즉 선지자는 말씀을 전하는 자입니다. 그러므로 사무엘은 무엇보다도 하나님의 말씀을 듣는 일을 소중하게 여겼습니다. 말씀을 들으면 즉시 백성들에게 전해주었고 그 말씀대로 온전히 순종했습니다(21절). 사무엘의 순종은 하나님이 함께 하심으로 위기에 처한 나라를 온전히 회복시키는 힘이 되었습니다. 이처럼 이스라엘 백성들이 하나님의 말씀을 경청하고 그 말씀을 순종했을 때 안과 밖으로 평안한 삶을 살 수 있었습니다. 그러나 반대로 눈을 가리고 귀를 막으며 목에다 힘을 주고 하나님의 말씀을 거역했을 때는 국가적으로 엄청난 위기를 맞았습니다. 그것은 오늘날도 마찬가지입니다. 무엇보다도 먼저 하나님의 말씀을 귀 기울여 듣고 하나님의 뜻을 깨달아야 지혜로운 삶을 살 수 있습니다.

"여호와께서 임하여 서서 전과 같이 사무엘아 사무엘아 부르시는지라 사무엘이 이르되 말씀하옵소서 주의 종이 듣겠나이다 하니"(삼상 3:10)

3. 사무엘은 마지막 사사이며 왕정시대를 연 지도자였습니다

사무엘은 민족적 위기를 인식하고 온 이스라엘 백성들을 미스바에 모이게 해서 회개운동을 전개하고 금식하며 기도했습니다. 그때 블레셋 사람들이 듣고 연합군을 동원해 이스라엘에 쳐들어 왔습니다. 사무엘은 백성들을 먼저 안정시키고 어린 양을 취하여 하나님께 번제를 드렸습니다. 그리고 여호와께 부르짖어 기도할 때 큰 우뢰를 발하여 그들을 어지럽게 하심으로 블레셋 군대가 이스라엘 앞에서 전의를 상실하고 패전하게 하셨습니다. 이스라엘은 도망가는 블레셋 군대를 추격하여 큰 승리를 거두었습니다. 이로 인해 수십 년간에 걸친 블레셋 압제로부터 자유함을 얻게 되었습니다. 사무엘은 승리의 영광을 오직 여호와께 돌리기 위하여 미스바와 센 사이에 전승 기념비를 세우고 그 묘비에 "에벤에셀"이라 하였는데 이는 "여호와께서 여기까지 우리를 도우셨다"라는 의미입니다 (5-12절). 이후에 백성들은 이스라엘 전체를 다스리는 왕을 끈질기게 요구하였고 결국 사무엘은 하나님께서 선택한 사울에게 기름을 부어 이스라엘의 왕을 세우는 역할을 감당하는 마지막 사사가 된 것입니다.

"보라 내가 새 일을 행하리니 이제 나타낼 것이라 너희가 그것을 알지 못하겠느냐 반드시 내가 광야에 길을 사막에 강을 내리니"(사 43:19)

말씀 실천하기
- 기도 생활은 어떻게 하고 있습니까?
- 주일 말씀을 통해 깨달은 교훈은 무엇입니까?

합심 기도하기
- 온전히 기도하는 삶을 살게 하시고 기도의 능력을 체험하게 하소서.
- 에벤에셀의 하나님을 기억하고 감사하는 삶을 살게 하소서.

이러므로 우리에게 구름 같이 둘러싼 허다한 증인들이 있으니
모든 무거운 것과 얽매이기 쉬운 죄를 벗어 버리고
인내로써 우리 앞에 당한 경주를 하며
믿음의 주요 또 온전하게 하시는 이인 예수를 바라보자
그는 그 앞에 있는 기쁨을 위하여 십자가를 참으사
부끄러움을 개의치 아니하시더니 하나님 보좌 우편에 앉으셨느니라

– 히 12:1, 2

바이블 루트

PART **3**

13 하나님을 경외하는 사람 나단

■ 본문 말씀
왕상 1:11-27

■ 이룰 목표
- 정의는 하나님의 말씀이 기준이 되어야 함을 안다.
- 여호와를 경외하는 것이 지혜의 근본임을 안다.

■ 본문 살피기
- 나단이 밧세바에게 알려준 계책은 어떤 것입니까?(11-14절)
- 밧세바는 다윗에게 어떻게 호소하고 있습니까?(15-21절)
- 나단은 다윗에게 어떻게 이야기하고 있습니까?(24-27절)

소그룹예배 인도 순서

사도신경 **다 같이**
찬 송 **35장(통 50)**
기 도 **회원 중**
본문 말씀 **왕상 1:11-27**
새길 말씀 **왕상 1:27**
헌금 찬송 **421장(통 210)**
헌금 기도 **회원 중**
주기도문 **다 같이**

말씀 나누기

나단 선지자는 궁중의 고문격이지만 다윗에게는 고문 이상으로 친한 존재였습니다. 또한 나단의 아들 중 하나가 솔로몬의 벗이 되었다는 것을 보면 그가 얼마나 다윗과 가까이 지낸 사람인가 알 수 있습니다. 그러나 나단은 왕가와 친밀하다고 해서 자기 역할을 소홀히 하지 않았습니다. 나단은 하나님을 경외하는 사람이었기에 마지막까지 자기 역할을 잘 감당했습니다. 이제 나단의 행적을 통해 그의 신앙과 인품을 살펴보고

자 합니다.

1. 정의가 실현되기 원했습니다

다윗은 밧세바를 범하고 그가 임신하자 자기의 죄가 탄로 날 것을 염려하여 그 남편을 가장 맹렬한 전쟁터로 보내 죽게 했습니다. 다윗의 범죄에 대해 하나님은 나단을 불러 다윗을 책망하십니다. 나단은 악한 부자가 가난한 사람이 기르는 양 한 마리를 빼앗아 손님을 대접한 이야기를 들려줍니다. 그 이야기를 들은 다윗이 "그런 자는 마땅히 죽어야 한다"라고 역정을 내자, 나단은 주저함 없이 "당신이 바로 그 사람입니다"라고 지적하며 하나님의 심판을 전합니다.

아도니야가 스스로 왕이 되고자 반역을 꾀했을 때, 나단은 아도니야의 불법적인 도발을 막고자 했습니다. 아도니야는 다윗이 임명하지도 않았고 공식적인 절차도 밟지 않고 자기가 원하는 사람들을 불러 모아 스스로 왕이 되었음을 공포했기 때문입니다. 나단은 다윗이 솔로몬에게 약속한 것을 알고 있었습니다(대상 22:9-10). 그래서 나단은 밧세바에게 "왕에게 들어가 이 사실을 말하라"고 이야기하였으며 자신도 다윗의 마음을 움직여 아도니야의 불법적인 도발을 무산시키고 다윗의 약속대로 솔로몬을 왕이 되도록 도왔습니다.

예수께서도 불의를 용서하지 않으셨습니다. 겉으로는 말씀대로 사는 것처럼 보이나 악을 행하는 자들을 향해 '불법을 행하는 자들은 내게서 떠나라' 고 말씀하셨습니다(마 7:23).

"범사에 헤아려 좋은 것을 취하고 악은 어떤 모양이라도 버리라"(살전 5:21-22)

2. 하나님의 말씀에 충실했습니다

정의에 불탄다고 자신의 감정에 치우치거나 정의라는 이름으로 마녀사냥식의 정죄를 해서는 안 됩니다. 정의는 기준이 분명해야 하고 변하지 말아야 합니다. 하나님의 말씀은 변하지 않는 기준입니다. 나단은 하나님의 말씀에 충실했습니다. 자신의 생각과 다르더라도 하나님의 말씀이 우선이었습니다.

다윗이 죄를 지었을 때 하나님은 나단을 불러 그에게 하나님의 심판을 전하라 하셨습니다. 나단에게 주신 하나님의 심판의 선고는 아주 가혹했습니다. 다윗은 당대 강력한 권력을 가지고 있었으며, 자신과 친밀한 왕이지만 하나님의 말씀을 그대로 전했습니다. '칼이 네 집에서 영원토록 떠나지 않을 것이고, 네 눈앞에서 이웃들이 네 아내들과 더불어 백주에 동침할 것이고, 다윗이 낳은 아이가 반드시 죽을 것'을 전했습니다(삼하 12:10-14).

예수께서도 하나님의 말씀을 잘못 해석하고 잘못 적용했던 당시 종교 지도자들을 책망하셨습니다. 예수님은 그들을 향해 일곱 번이나 화를 선포하셨습니다(마 23:13-29). 이처럼 권력과 사람을 두려워하지 말고 하나님의 말씀을 전해야 합니다. 오직 하나님의 말씀에 충실할 때 생명의 길에서 벗어나지 않습니다.

"살리는 것은 영이니 육은 무익하니라 내가 너희에게 이르는 말이 영이요 생명이니라"(요 6:63)

3. 하나님을 경외하는 지혜로운 사람이었습니다

다윗이 나단에게 성전을 건축할 마음을 비쳤을 때, 나단은 '왕은 하나님이 늘 함께 하시는 분이니 원하는 대로 하라'고 말했습니다(삼하 7:3). 그러나 그 밤에 하나님이 나단에게 '다윗은 성전을 지을 수 없다'고 말씀하시자 나단은 자신의 생각을 버리고 하나님의 생각을 따라 다윗에게 전했습니다(삼하 7:4-17). 한 말을 번복하면 다윗의 신뢰를 잃을 수도 있었지만 개의치 않았습니다. 이처럼 자신의 생각보다 하나님의 뜻을 따라 전하는 것이 하나님을 경외하는 것이며 지혜입니다.

또한 나단은 하나님이 세우신 다윗 왕을 끝까지 인정하는 지혜로운 사람이었습니다. 비록 다윗 왕이 쇠약해졌고 왕의 아들 아도니야가 세력을 모아 왕이 되고자 하는 그 상황에서도 권력 대신 하나님이 세운 왕을 선택했습니다. 나단은 세상의 권력 앞에 무릎을 꿇기보다 하나님을 더 존중하고 경외하는 사람이었습니다.

세상은 권력 앞에서 하나님의 뜻을 포기하도록 유혹합니다. 그러나 끝까지 하나님을 알고 그분을 경외하는 것이야말로 지혜와 명철의 근본입니다.

"여호와를 경외하는 것이 지혜의 근본이요 거룩하신 자를 아는 것이 명철이니라"(잠 9:10)

말씀 실천하기
- 불의를 보았을 때 어떻게 하겠습니까?
- 말씀에 충실한 자로 살기 위해 어떻게 하겠습니까?

합심 기도하기
- 불의 앞에 굴하지 말고 하나님의 말씀을 담대히 전하게 하소서.
- 하나님을 경외함으로 지혜로운 사람이 되게 하소서.

14 하나님의 사람 엘리야

■ 본문 말씀
왕상 18:30-40

■ 이룰 목표
- 환란과 핍박 속에서도 사명을 다하는 성도가 된다.
- 온전한 예배를 통해 하나님을 만나고 증거하는 성도가 된다.

■ 본문 살피기
- 엘리야는 백성들에게 가까이 오라고 한 후 가장 먼저 한 일은 무엇입니까?(30절)
- 엘리야는 제단을 쌓은 후 어떻게 제단을 꾸몄습니까?(32-35절)
- 하나님의 응답은 무엇입니까?(38절)

소그룹예배 인도 순서

사도신경	다 같이
찬 송	351장(통 389)
기 도	회원 중
본문 말씀	왕상 18:30-40
새길 말씀	왕상 18:36
헌금 찬송	406장(통 464)
헌금 기도	회원 중
주기도문	다 같이

말씀 나누기

엘리야는 모세와 함께 구약을 대표하는 인물입니다(마 17:3). 성경은 그를 선지자 중에 선지자라고 소개하고 있습니다(눅 4:26). 엘리야는 죽지 않고 회오리 바람을 타고 승천한 위대한 선지자였지만, 요단강 동편 길르앗 지방의 작은 마을 디셉 출신이라는 것 외에는, 그의 출생이나 신상명세에 대해 성경은 자세히 밝히지 않았습니다. 엘리야라는 이름의 뜻은 '나의 하나님은 여호와이시다' 입니다.

엘리야가 사역했던 당시 이스라엘의 시대적 상황은 정치 경제적으로 최절정의 번영을 이루고 있었지만 영적으로는 심히 타락해 있던 때였습니다. 아합 왕은 그전의 모든 사람보다 여호와 보시기에 더욱 악을 행하였으며(왕상 16:30), 시돈의 왕 엣바알의 딸 이세벨을 아내로 삼고 바알과 아세라를 국가종교로 섬기던 악한 왕이었습니다. 이러한 때 하나님께서 우상숭배를 제거하고 백성들의 타락과 패역에 대한 심판을 경고하기 위해 엘리야 선지자를 보내신 것입니다. 본문을 중심으로 엘리야에 대해 살펴보겠습니다.

1. 엘리야는 불의 사자라고 불리웠습니다

사람들은 엘리야를 '불의 사자' 또는 '능력의 사자' 라고 부릅니다. 이스라엘의 일곱 번째 임금 아합 왕은 역사상 가장 악명 높은 폭군입니다. 그는 부친 오므리의 뒤를 이어 왕위에 올라 22년 동안(B.C. 875-854) 집권하면서 여호와 신앙을 말살하려고 했던 사람입니다. 그는 왕비 이세벨을 통해 바알과 아세라를 들어오게 하고 사마리아에 바알과 아세라의 사당을 짓고 이스라엘을 우상 종교의 나라로 전락시켰습니다(왕상 16:30-33). 그의 아내 이세벨은 매우 간교한 이방 여인으로 이스라엘에 있는 하나님의 선지자들을 모조리 죽이는 정책을 썼습니다(왕상 19:14). 이와 같은 암흑시대에 혜성처럼 나타나서 하나님의 말씀을 증거하고 살아계신 하나님을 증거했던 선지자가 바로 엘리야입니다. 엘리야는 완악한 아합 왕을 찾아가서 "내 말이 없으면 수 년 동안 비도 이슬도 있지 아니하리라" 라고 선언을 하였습니다. 그 후 3년 6개월 동안 비가 오지 않고 이스라엘이 흉년으로 죽어가는 모습을   보면서도 아합 왕은 회개하지 않고 오히려 엘리야를 죽이려고 하였습니다. 그리고 엘리야는 이세벨의 상에서 먹는 바알의 선지자 450인과 아세라의 선지자 400인을 갈멜 산으로 불러들여 어느 신이 참신인지 대결을 벌였습니다(왕상 18:19). 그 결과 바알과 아세라는 응답이 없었지만 하나님께서 엘리야의 기도에 불로 응답하심으로 하나님의 살아계심을 증거할 수 있었습니다. 엘리야는 그 여세를 몰아 기손 시냇가에서 바알과 아세라의 선지자들을 모조리 죽임으로 대승리를 거두었습니다. 그 후로 엘리야에게 '불의 사자'라는 칭호가 붙게 되었습니다.

"엘리야는 우리와 성정이 같은 사람이로되 그가 비가 오지 않기를 간절히 기도한즉 삼 년 육 개월 동안 땅에 비가 오지 아니하고 다시 기도하니 하늘이 비를 주고 땅이 열매를 맺었느니라"(약 5:17-18)

2. 엘리야도 낙심하였습니다

갈멜 산에서의 승리가 있은 다음 엘리야에게 큰 위기가 닥쳤습니다. 성난 이세벨이 엘리야를 죽이겠다고 맹세하고 그를 찾았습니다. 이를 안 엘리야는 브엘세바에 있는 로뎀 나무 아래 앉아서 하나님께 죽기를 기도하였습니다. 그는 폭군 아합 왕의 권세나 간악한 이세벨의 압력에도 굴하지 아니하고 용감하게 바알 우상과 싸웠지만 세상은 변하지 않았습니다. 여전히 아합 왕과 이세벨은 살기등등하게 하나님의 선지자들을 박해했고 반면 바알과 아세라 우상은 수그려지지 않았습니다. 오히려 그 땅에 있는 하나님의 선지자들만 모조리 희생당하는 상황이 되었습니다. 참으로 허탈한 마음을 가질 수밖에 없었을 것입니다. 열왕기상 19장 4절 말씀에 그가 죽기를 기도하면서 "여호와여 넉넉하오니 지금 내 생명을 거두시옵소서 나는 내 조상들보다 낫지 못하나이다"라고 하였습니다. 이는 그가 지금까지 아합 왕과 맞서서 싸운 것과 하나님의 선지자로서 자기의 역할에 최선을 다했으니 이제 죽어도 여한이 없다는 뜻입니다. 엘리야가 이렇게 절망할 때 하나님께서 다시 일으켜 세워주시고 함께 해 주신 것같이 성도들의 삶속에 늘 함께하셔서 위로하고 새 힘을 주십니다.

"그러므로 우리가 낙심하지 아니하노니 우리의 겉사람은 낡아지나 우리의 속사람은 날로 새로워지도다"(고후 4:16)

3. 엘리야를 다시 회복시켜 주셨습니다

하나님께서는 낙심하고 쓰러져 있는 엘리야에게 천사를 시켜 숯불에 구운 떡과 한 병의 물을 그 옆에 갖다 놓게 하시고 그를 어루만지며 일어나서 먹으라고 하였습니다. 그리고 기운을 차린 엘리야에게 하나님께서 지정하신 호렙 산까지 가게 하시고 거기서 계시와 환상을 본 후 새 힘을 얻게 하십니다. 그리고 그는 호렙 산 굴속에 숨어서 하나님의 음성을 기다렸습니다. 처음에는 크고 강한 바람이 산을 가르고 바위를 부수며 지나갔습니다. 곧 이어서 지축을 흔드는 큰 지진이 일어났습니다. 그 뒤에는 산을 다 삼킬 듯 큰 불길이 지나갔습니다. 그렇지만 그 속에서 하나님의 모습은 볼 수 없었습니다. 그런데 잠시 후 작고 세미한 소리 가운데서 하나님의 음성이 들었을 때 엘리야는 다기 힘을 얻었습니다. 그리고 마지막 그에게 주어진 사명을 감당하기 위해 다메섹으로 가서 하사엘에게 기름을 부어 아람 왕을 삼고 또 님시의 아들 예후에게 기름을 부어 이스라엘의 왕이 되게 하였으며, 사밧의 아들 엘리사에게 기름을 부어 자신을 대신하는 선지자로 세웠습니다. 엘리야가 힘들어 지쳐 있을 때 하나님께서는 바알에게 무릎 꿇지 않은 칠천 명의 성도를 남겨 두셨다고 말씀하셨습니다(왕상 19:18). 그리고 그를 살아있는 상태로 하늘로 데려가셨습니다(왕하 2:11). 이렇게 하나님께서 엘리야의 마음을 위로하고 회복시키듯이 성도들의 마음을 위로하고 회복시켜 주십니다.

"그러나 내가 이스라엘 가운데에 칠천 명을 남기리니 다 바알에게 무릎을 꿇지 아니하고 다 바알에게 입맞추지 아니한 자니라"(왕상 19:18)

말씀 실천하기
- 믿지 않는 사람들에게 하나님을 어떻게 증거하고 있습니까?
- 신앙적으로 어려움을 겪었을 때 어떻게 다시 회복할 수 있었습니까?

합심 기도하기
- 엘리야처럼 강력한 믿음과 성령의 불을 내려 주옵소서.
- 영적 전쟁에서 승리하고 언제나 하나님을 증거하는 삶을 살게 하소서.

15 갑절의 영감을 받은 선지자 엘리사

■ 본문 말씀
왕하 2:8-14

■ 이룰 목표
- 엘리사를 통해 강력하게 역사하시는 하나님의 능력을 배운다.
- 엘리사를 통해 스승보다 갑절이나 크게 쓰임 받는 모습을 배운다.

■ 본문 살피기
- 엘리사는 엘리야에게 무엇을 구하고 있습니까?(9절)
- 두 사람이 길을 가며 말을 할 때에 무엇이 두 사람을 갈라놓습니까?(11절)
- 엘리사는 엘리야의 몸에서 떨어진 무엇을 주워서 돌아옵니까?(13절)

소그룹예배 인도 순서

사도신경	다 같이
찬 송	268장(통 202)
기 도	회원 중
본문 말씀	왕하 2:8-14
새길 말씀	왕하 2:9
헌금 찬송	323장(통 355)
헌금 기도	회원 중
주기도문	다 같이

말씀 나누기

엘리사는 요단강 아벨므홀라 사람 사밧의 아들이며, 북왕국 이스라엘의 선지자로서 여호람 왕의 통치 시기에 활약하기 시작하여 예후, 여호아하스, 요아스 왕 즉위 초까지(B.C. 852년경부터 B.C. 798년경까지) 활동한 선지자입니다.

엘리사 활동 당시 북 왕국 이스라엘은 정치적으로 아합의 죽음과 함께 점차 쇠퇴의 길을 걷고 있었습니다. 당시 북방 지역에서 크게 세력을 확장해 오던 아람의 잦은 침입으로 곤욕을 치루고 있었고, 종교적으로도 바알 종교의 영향이 한풀 꺾이긴 하였으나 여전히 우상 숭배가 행해지고 있었습니다. 이 시대에 엘리사의 사역은 북 이스라엘 백성들이 여호와께로 회개하고 돌아올 것을 촉구하는 일이었습니다. 엘리사의 헌신된 삶을 살펴보겠습니다.

1. 엘리야가 부를 때에 지체하지 않고 그를 따랐습니다

엘리야가 길을 가다가 엘리사가 열두 겨리의 소를 앞세우고 밭을 갈고 있는 모습을 보고 겉옷을 그에게 던졌습니다. 엘리야는 엘리사에게 자신을 따라오라고 강요하지도 않았습니다. 엘리사는 엘리야의 요구에 지체 없이 한 겨릿소를 잡고 소의 기구를 불살라 그 고기를 삶아 백성에게 나누어주고 엘리야를 따라가 제자가 되었습니다(왕상 19:16-21).

이는 예수님께서 열두 제자를 부르실 때 그들이 모든 것을 버리고 예수를 좇아 제자가 된 것과 같습니다. 부르실 때에 자신의 것을 아낌없이 포기하는 것은 쉬운 일이 아닙니다. 엘리사는 열두 겨리의 소로 밭을 경작할 만큼 재산도 있었습니다. 그 모든 것을 포기하고 선지자의 삶을 선택한 것은 굉장한 믿음의 모험입니다. 자신의 어떠한 것보다도 주님의 말씀을 더 소중하게 여긴 엘리사는 나중에 스승인 엘리야보다 갑절이나 되는 성령의 역사를 가지고 쓰임 받게 됩니다.

"그들이 곧 그물을 버려두고 예수를 따르니라"(마 4:20)

2. 선지자로서의 사명을 충실하게 감당했습니다

엘리야의 승천을 앞두고 엘리사는 끝까지 스승 엘리야를 따라갑니다. 요단 건너편까지 엘리야를 따라가 갑절의 은혜를 구합니다. 결국 갑절의 영감을 받은 엘리사는 엘리야의 뒤를 이은 선지자로서의 사명에 충실하게 감당합니다(14절, 4:9, 6:17). 엘리사는 많은 생도들을 모아 하나님의 말씀을 가르치고 훈련했습니다. 아합과 이세벨의 우상 숭배를 경험한 엘리사는 많은 제자들을 훈련시켜 그 시대를 변화시켜 나갔습니다.

엘리사의 제자들은 엘리사를 주인으로 불렀습니다(19절). 그만큼 엘리사의 영향력은 대단했습니다. 그럼에도 엘리사는 항상 겸손했습니다. 오직 하나님의 말씀만을 전했고 가르쳤습니다. 수많은 기적과 능력을 행하면서도 하나님만을 의뢰했습니다. 자신의 능력을 과시하거나 사람들을 무시하지 않았습니다. 고난당하는 자들을 오히려 긍휼히 여기는 마음으로 보살폈습니다. 죽음의 순간까지도 오직 선지자로서의 삶을 살았습니다.

"그리고 맡은 자들에게 구할 것은 충성이니라"(고전 4:2)

3. 많은 기적을 나타내며 이스라엘 국가를 보호하였습니다

많은 권능을 나타낸 엘리사는 이스라엘과 적대 관계에 있는 아람 왕의 군대 장관 나아만의 문둥병을 고쳐 주게 됩니다(왕하 5:1-14). 아람 왕이 침실에서 모의하는 것도 엘리야는 기도 중에 알았고, 그것을 이스라엘 왕에게 고하여 나라를 지켜냈습니다. 국가적 위기 때에 자신의 영력을 다하여 조국 이스라엘을 보호하였고 힘써 하나님께 기도하였습니다(왕하 6:8-23).

뿐만 아니라 아람 왕이 엘리사를 잡으려고 군대를 보내 집을 에워쌌으나, 엘리사는 아람 군대들의 눈이 보이지 않기를 기도했습니다. 그들의 눈이 어두워져 보지 못하게 되자 그들을 사마리아 성으로 끌고 갔습니다. 이스라엘 왕이 적군을 모두 죽이자고 했으나, 엘리사는 그들에게 음식을 많이 먹고 마시게 하여 돌려보냄으로 다시는 이스라엘을 침공하지 못하도록 했습니다. 전쟁터에서 적군을 죽여 승리하는 것보다 이렇게 선을 베풀고 자비를 베풀어서 오히려 그들을 굴복하게 만드는 것이 더 값진 승리입니다. 이것이 엘리사의 선지자로서 멋진 사역이었습니다. 엘리사 같은 믿음의 기도만이 위기상황에 처해있는 나라도 구할 수 있습니다.

"악에게 지지 말고 선으로 악을 이기라"(롬 12:21)

말씀 실천하기
- 주님이 부르실 때에 즉시 순종하여 따르고 있습니까?
- 자신에게 맡겨진 사명을 위해 최선을 다해 충성하고 있습니까?

합심 기도하기
- 대한민국이 주님이 기뻐하시는 나라로 보호받을 수 있도록 도와주소서.
- 내게 주신 직분을 성실히 감당할 수 있도록 성령을 부어 주소서.

16 신앙부흥의 선지자 요엘

■ 본문 말씀
요엘 2:28-32

■ 이룰 목표
- 성령이 임할 때가 언제인지 안다.
- 성령이 임한 결과가 무엇인지 안다.

■ 본문 살피기
- 성령이 임할 때가 언제입니까?(28절)
- 성령 받을 대상은 누구입니까?(28-29절)
- 성령이 임한 자에게 나타나는 현상은 무엇입니까?(28절)

소그룹예배 인도 순서

사도신경	다 같이
찬 송	192장
기 도	회원 중
본문 말씀	요엘 2:28-32
새길 말씀	행 2:38
헌금 찬송	194장
헌금 기도	회원 중
주기도문	다 같이

말씀 나누기

'여호와는 하나님이시다' 라는 이름의 뜻을 가진 요엘은 브두엘의 아들(1:1) 이라는 것 외에는 알려진 바가 없지만 예루살렘과 유다 지역을 상대로 활동한 선지자였습니다 (2:1, 23, 32, 3:16-20). 유다 땅에 메뚜기 재앙과 기근 등 자연적인 재앙은 하나님의 심판임을 지적하며 회개와 예배를 통한 (1:14, 2:12) 영성 회복만이 살 길임을 각인시키고 백성들의 영성을 깨우치기 위해 고군분투했습니다. 또한 하나님께서 세상을 심판하시는 '여호와의 날' (1:15, 2:1, 11, 3:14)이 가까이 왔음을 강조하며 그날이 도래하기 전에 마음을 찢는 진실한 회개로 신앙을 회복하라고 선포한 신앙부흥의 선지자였습니다. 특히 요엘은 본문을 통해 이스라엘 백성들이 당하는 환란과 수치는 하나님을 떠난 결과이며, 진실한 회개를 통해 돌아올 때 모든 것이 회복되며, 이때 하나님께서 부어주시는 성령을 받게 될 것임을 보여주고 있습니다. 성령의 임재를 통해서 신앙이 회복될 수 있도록 요엘 선지자가 선포한 말씀들을 살펴보겠습니다.

1. 요엘은 진정한 회개 이후에 성령이 임한다고 전해 줍니다

요엘은 "그 후에 내가 내 영을 만민에게 부어주리니"(28절)라고 언급하며 성령이 임하는 때에 대하여 '그 후에'라는 메시지를 전해 줍니다. '그 후'라는 말을 이해하기 위해서는 지금까지 요엘서 내용이 전개된 정황을 먼저 이해할 필요가 있습니다. 요엘이 활동하던 시대에 유다에 임한 대표적인 재앙은 메뚜기 재앙입니다. 요엘서 1장 4절에 "팥중이가 남긴 것을 메뚜기가 먹고 메뚜기가 남긴 것을 느치가 먹고 느치가 남긴 것을 황충이 먹었도다"라고 했는데, 네 종류의 곤충들은 모두 메뚜기과에 속하는 해충으로 이들이 몰려오면 농작물은 폐허가 됩니다. 요엘은 이런 재앙과 환란이 하나님으로부터 온 것이라고 전합니다. 그러기에 "옷을 찢지 말고 마음을 찢고 너희 하나님 여호와께로 돌아오라"는 강력한 회개를 촉구합니다(2:13). 하나님께로 회개하고 돌아오면 하나님께서 황폐해진 그 땅을 다시 회복시키고 그의 백성들에게 하나님의 영, 즉 성령을 부어 주신다고 선포합니다.

따라서 '그 후'는 '회개한 후'를 가리킵니다. "베드로가 이르되 너희가 회개하여 각각 예수 그리스도의 이름으로 세례를 받고 죄 사함을 받으라 그리하면 성령의 선물을 받으리니"(행 2:38)라는 말씀처럼 베드로도 성령을 받기 위한 선행조건으로 회개를 촉구하였습니다.

요엘 시대 하나님의 백성들이 우상을 섬김으로 하나님의 진노를 받은 것처럼, 오늘날 교회와 성도들도 하나님이 아닌 물질을 섬기고 있는지 잘 살펴봐야 합니다. 마음을 찢는 회개가 선행되어야 회복과 성령의 임재를 경험할 수 있기 때문입니다.

"오순절 날이 이미 이르매 그들이 다같이 한 곳에 모였더니. 마치 불의 혀처럼 갈라지는 것들이 그들에게 보여 각 사람 위에 하나씩 임하여 있더니" (행 2:1, 3)

2. 요엘은 회개하는 자는 누구든지 성령을 받는다고 전해줍니다

구약시대는 하나님의 영이 몇몇 선지자들에게만 임했습니다. 그런데 요엘 선지자는 공평하신 하나님께서 그 후에 만민에게 성령을 부어 주실 것이라고 선포합니다(28-29절). 이것은 예수님이 이 땅에 오셔서 그를 믿는 모든 백성에게 성령을 부어주실 것을 예언한 것이라고도 볼 수 있습니다. 만민이 구원받기를 원하시는 하나님의 은혜와 사랑처럼, 하나님께서는 회개하고 예수 그리스도를 영접한 모든 사람에게 성령을 부어주신다는 놀라운 선포입니다.

사도 베드로는 설교에서 요엘 선지자가 밝힌 '그 후'라는 용어를 두 가지 측면에서 강조하고 있습니다. 성령이 임하는 시기에 대해서 말할 때는 '예수께서 이 땅에 오신 이후'라고 밝히고 있습니다(행 2:33). 바로 예수님께서 승천하신 후 열흘 뒤인 오순절 날 성령은 그날 한 곳에 모여 기도하고 있던 120명의 성도들에게 임했습니다(행 2:1-4). 성령이 임할 때를 '말세'라고 기록했고, 성령 받을 사람을 강조하기 위해 '육체'(행 2:17)라고 기록하고 있습니다. 그리고 성령이 임하는 조건에 대해 말할 때는

'회개한 후'로, 예수님을 영접한 자들이 성령을 선물로 받을 수 있다는 것입니다(행 2:38). 하나님께서는 모든 백성이 하나님의 자녀로 살아가기를 원하십니다.

> "하나님이 말씀하시기를 말세에 내가 내 영을 모든 육체에 부어 주리니 너희의 자녀들은 예언할 것이요 너희의 젊은이들은 환상을 보고 너희의 늙은이들은 꿈을 꾸리라"(행 2:17)

3. 요엘은 성령의 임재에 신앙의 부흥이 있다고 전해줍니다

성령이 임하면 크게 두 가지 현상이 나타납니다. 첫째, 미래지향적인 사고와 희망을 갖게 됩니다. "장래 일을 말할 것이며"(28절)라는 것은 장래 있게 될 일을 예언한다는 의미라기보다는 재앙과 기근으로 인하여 실망과 고통 중에 있는 자녀들이 성령 받고 미래에 대한 희망을 이야기하며 비전을 품게 된다는 의미입니다. 또한 "너희 늙은이는 꿈을 꾸며"(28절)라고 했는데 성령이 임하게 되니 노인들도 도전할 가치를 발견하고, 일에서 손을 놓고 있던 상황에서 새로운 일을 찾게 되는 계기가 되었다는 말입니다. "너희 젊은이는 이상을 볼 것이며"(28절)라는 말씀은 패기와 열정이 있어야 할 청년들에게 이상이 보이지 않으니 참담할 수밖에 없는 상황이었는데 성령이 임하게 되니 생기가 돌게 되고 꿈을 갖게 된 것을 강조하는 말입니다. 이렇게 요엘 선지자는 성령을 받은 선지자로서 또 성령의 역사하심에 대한 체험을 한 사람으로서 자신에게 임했던 성령이 만민에게 임할 것이라는 기대를 가지고 힘 있게 선포했습니다.

성령이 임한 또 하나의 현상은 악한 환경으로부터 구원받습니다. 죄의 사슬에서 구원받게 되고, 위기의 사슬에서 구원받게 되며, 답답하고 힘든 환경에서 구원을 받습니다. 전자 제품을 조정하는 리모컨에 전환 모드가 있듯이 성령이 임할 때 부정 모드가 긍정 모드로, 실망 모드가 희망의 모드로, 절망 모드가 새 힘을 공급받는 모드로 바뀌었습니다. 이처럼 요엘은 성령이 임할 때, 신앙의 부흥과 회복이 있음을 보여줍니다. 마음을 찢는 회개와 성령의 이끌림을 받는다는 것은 하나님께로 복귀를 의미합니다. 충만한 하나님의 영에 이끌림을 받는 곳에 진정한 회복과 부흥이 있습니다.

"누구든지 여호와의 이름을 부르는 자는 구원을 얻으리니 이는 나 여호와의 말대로 시온 산과 예루살렘에서 피할 자가 있을 것임이요 남은 자 중에 나 여호와의 부름을 받을 자가 있을 것임이니라"(욜 2:32)

말씀 실천하기
- 성령 충만함을 받기 위해서 회개하겠습니까?
- 성령이 충만히 임하면 우선적으로 해야 할 일이 무엇이라고 생각하십니까?

합심 기도하기
- 성령 충만으로 선교에 힘쓰게 하옵소서!
- 성령 충만으로 온전한 헌신자의 삶을 살게 하옵소서!

17 하나님의 뜻을 깨달은 선지자 요나

■ 본문 말씀
욘 4:1-11

■ 이룰 목표

- 요나의 불신앙이 무엇인지 배운다.
- 우리를 향하신 하나님의 뜻이 무엇인가 배우고 실천한다.

■ 본문 살피기

- 요나의 기도와 하나님의 대답은 무엇입니까?(1-4절)
- 박 넝쿨을 통한 요나의 두 가지 반응은 무엇입니까?(5-8절)
- 박 넝쿨을 통하여 요나에게 주시는 하나님의 교훈은
  무엇입니까?(9-11절)

소그룹예배 인도 순서

사도신경	다 같이
찬　　송	261장(통 195)
기　　도	회원 중
본문 말씀	욘 4:1-11
새길 말씀	욘 4:10-11
헌금 찬송	304장(통 404)
헌금 기도	회원 중
주기도문	다 같이

말씀 나누기

요나서는 내용상으로 볼 때 예언서라기보다는 니느웨 거민의 회개와 구원 사건을 기록한 역사서나 혹은 요나 개인의 체험담을 기록한 전기로 보아야 합니다. 그럼에도 불구하고 본서를 예언서로 분류하는 것은 저자인 요나가 선지자이기 때문입니다. 또한 본서의 내용이 신약 시대에 이루어질 열방의 이방인들의 대대적인 회개와 구원 사건을 예표 하는 예언적 성격을 띠고 있기 때문입니다. 그래서 요나서는 '구약 중에 신약'이라는 별칭을 갖고 있습니다.

그중에서 본문 말씀은 니느웨에 임할 것으로 생각되었던 하나님의 재앙이 거두어진 것에 대한 요나의 불평과 그러한 요나에게 박 넝쿨을 통하여 만민에 대한 하나님의 구원 의지를 나타내시며, 한 생명을 천하보다 귀하게 여기시는 하나님의 사랑을 깨닫게 하신 내용입니다. 그러면 전능하신 하나님의 뜻 가운데, 선지자 요나는 어떤 신앙과 삶을 고백했는지 말씀을 통하여 살펴보겠습니다.

1. 하나님의 뜻을 싫어한 선지자였습니다

요나는 니느웨 백성들이 회개함으로 인해 하나님의 심판이 유보되자 (3:4-10), 이에 불만을 품고 마음으로 싫어했습니다(1절). 여기서 '싫어하다'라는 말은 문자적으로 '눈에 거슬리다'라는 뜻입니다. 멸망당해 마땅한 니느웨가 구원받은 것은 하나님의 보시기에 심히 기쁜 일이고, 사명을 좇아 니느웨에게 회개를 촉구한 요나에게 있어서도 마땅히 기뻐해야 할 일이었습니다. 그러나 요나의 눈에 이것이 거슬린 이유가 무엇입니까? 그것은 그가 아직 하나님의 무한하신 사랑의 깊이와 넓이를 이해하지 못하고 이스라엘 민족만이 구원받아야 하는 줄로 생각한 '배타적 선민의식'에 사로잡혀 있었기 때문입니다.

요나는 물고기 배속까지 들어갔다가 구원받은 하나님의 가장 크신 능력을 체험한 선지자였습니다(1:17). 그럼에도 불구하고 여전히 자기 뜻과 생각에 사로잡혀 하나님의 뜻을 마음으로 싫어하는 선지자로서 미숙한 요나의 모습을 보게 됩니다. 예수께서는 나의 제자가 되려면 '자기 부인과 자기 십자가를 지고 나를 따르라'고 말씀하셨습니다(마 16:24).

"예수께서 제자들에게 이르시되 누구든지 나를 따라오려거든 자기를 부인

하고 자기 십자가를 지고 나를 따를 것이니라"(마 16:24)

2. 하나님께 성을 낸 선지자였습니다

요나 선지자는 니느웨 백성의 회개와 그로 인해 하나님의 심판이 유보된 데 대하여 싫어하고 성을 냈습니다. 이런 요나에게 "네가 성내는 것이 옳으냐"(4절) 책망하셨습니다. 여기서 '성내다'라는 말의 원뜻은 '불타다'입니다(호 8:5). 분노가 극도에 달하여 얼굴이 빨갛게 달아 오른 상태를 말합니다. 요나가 이렇게까지 하나님께 성을 낸 이유는 니느웨가 이스라엘 민족의 적국인 앗수르의 수도였기 때문입니다. 그동안 이스라엘 민족을 심히 괴롭히고 압제했기 때문입니다. 선지자로서 용서가 안 되었을 수도 있습니다. 아니 하나님의 뜻이 이해가 안 됐을 것입니다. 그래서 처음 니느웨에 회개의 복음을 전하라는 하나님의 명령을 받고 도망쳤던 것입니다(1:3). 그동안 선민 이스라엘을 핍박했던 앗수르의 멸망을 확신했고, 이것이 '하나님의 정의'라고 믿었을 것입니다. 그러나 선지자(제자, 성도)는 자신의 신념과 생각이 아닌 하나님의 뜻을 따라 행해야 합니다.

"이와 같이 죄인 한 사람이 회개하면 하늘에서는 회개할 것 없는 의인 아흔아홉으로 말미암아 기뻐하는 것보다 더하리라"(눅 15:7)

3. 하나님께 죽기를 간구한 선지자였습니다

하나님께서는 요나의 그릇된 신앙을 깨우쳐 주시기 위하여 박 넝쿨과 뜨거운 동풍 그리고 벌레를 사용하셨습니다(6-8절). 요나는 박 넝쿨이 벌레 먹어 시들고 뜨거운 동풍이 불어 닥치자 열기로 인한 고통을 참지 못하고 스스로 죽기를 간구했습니다(8절). 이때 하나님께서는 니느웨 백성들의 멸망은 당연시 여기면서, 하룻밤에 말라버린 박 넝쿨을 아끼며 자신의 고통에만 집착하여 죽기를 간구하는 요나의 어리석은 모습을 깨우쳐 주시며 "좌우를 분변하지 못하는 자가 십이만여 명이요 가축도 많이 있나니 내가 어찌 아끼지 아니하겠느냐"(11절)라는 하나님의 뜻을 깨닫게 하셨습니다.

성도는 하나님의 뜻이면 죽기도 하고 살기도 하는 믿음의 자녀들입니다(롬 14:8). 온 우주만물의 창조주이시며 무한한 지혜와 능력으로 역사를 주관하시는 하나님을 향해 불평과 원망을 한다는 것은 참으로 어리석은 일입니다(롬 9:20). 성경은 "항상 기뻐하라 쉬지 말고 기도하라 범사에 감사하라" 이것이 우리를 향하신 하나님의 뜻이라고 권고하고 있습니다(살전 5:16-18).

"나더러 주여 주여 하는 자마다 다 천국에 들어갈 것이 아니요 다만 하늘에 계신 내 아버지의 뜻대로 행하는 자라야 들어가리라"(마 7:21)

말씀 실천하기
• 불평과 원망의 불신앙을 버리기 위해 어떤 계획을 세우겠습니까?
• 한 주간 어떻게 하나님의 뜻을 깨닫기를 배우며 실천하겠습니까?

합심 기도하기
• 삶 가운데 불평과 원망이 생기지 않도록 늘 성령으로 충만케 하소서.
• 하나님의 뜻대로 살아갈 수 있도록 은혜와 사랑으로 인도하여 주소서.

18 주림과 기갈을 피하는 방법을 전하는 아모스

■ 본문 말씀
암 8:1-11

■ 이룰 목표
- 과일 광주리 환상을 통하여 피할 수 없는 이스라엘의 심판을 안다.
- 말씀을 듣지 못한 기갈로 인해 이스라엘의 죄악의 근본 원인을 안다.

■ 본문 살피기
- 아모스가 본 환상은 무엇인가요?(2절)
- 부패한 이스라엘에게 행하시는 진노의 심판은 어떤 모습인가요?(9절)
- 여호와께서 심판의 날에 보내시는 기근은 무엇인가요?(11절)

소그룹예배 인도 순서

사도신경	다 같이
찬 송	202장(통 241)
기 도	회원 중
본문 말씀	암 8:1-11
새길 말씀	암 8:11
헌금 찬송	200장(통 235)
헌금 기도	회원 중
주기도문	다 같이

말씀 나누기

아모스는 북 이스라엘이 멸망하기 전 여로보암 2세가 통치하던 시대에 활동한 남유다 출신의 선지자입니다. 본문은 아모스가 본 다섯 가지 환상 중에 네 번째인 여름과일의 환상과 북 이스라엘 백성들을 향한 아모스 선지자의 최후 설교를 다루고 있습니다.

아모스 선지자는 앞서 메뚜기, 불, 다림줄의 환상을 통해 이스라엘의 최후가 얼마나 끔찍할 것인지에 대해 예언하며 여호와 앞에서 공의와 정의를 행하지 않는 한 이 멸망의 심판은 필연적일 수밖에 없음을 선포합니다. 그러나 백성들은 여호와의 경고의 말씀에도 돌이키지 않고 오히려 하나님의 말씀을 전한 아모스를 모함하고 협박하며 다시는 하나님의 심판에 대해 예언하지 말라고 합니다. 그렇지만 아모스는 하나님의 명령이기에 하나님이 보여주신 여름 과일 한 광주리 환상에 대해 계속해서 말합니다. 그렇다면 여름 과일 한 광주리가 주는 가르침이 무엇인지 본문을 통해 살펴보겠습니다.

1. 북 이스라엘의 끝이 곧 다가오고 있음을 경고합니다

여로보암 2세 때의 북 왕국 이스라엘은 강성하여 그의 말에 주변이 떨 정도였습니다(호 13:1). 이렇게 북 왕국이 가장 강성하고 번영하던 때에 아모스 선지자는 여름 과일 한 광주리의 환상을 보았습니다. 여름 과일이란 완전히 익은 과일을 가리키는데, 여름에 과일을 광주리에 오래 담아두면 썩듯이 이스라엘의 죄악에 대한 심판의 때가 무르익었다는 것을 나타내는 것입니다. 이제 이스라엘에 대한 오래 참으심을 끝나고 그들을 심판하시겠다는 것입니다(2절).

아모스는 하나님의 심판과 더불어 왜 북 이스라엘을 심판하시는지를 본문 4-6절 말씀을 통하여 기록합니다. 모든 것이 잘 되는 번영의 시기에 멸망과 퇴락을 선포하기는 싫지 않습니다. 아마도 그런 말을 하는 사람은 미친 사람으로 취급될 것입니다. 더욱이 남 유다 사람인 아모스가 북 이스라엘의 멸망을 선포하기는 더욱 쉽지 않았을 것입니다. 그러나 아모스는 남 유다와 북 이스라엘 모두 여호와께로 돌아가야 할 하나님 나라의 백성임을 알았기 때문에 심판의 메시지를 통해 그들이 돌아오기를 경고했던 것입니다.

문명과 기술의 발달로 오늘날은 마치 하나님이 없는 것처럼 사는 사람

들이 많아지고 있습니다. 그러나 아무리 인간이 문명과 기술을 발전시킨
다 해도 여전히 하나님은 계십니다. 인간의 이성과 경험의 한계를 넘어
서 계시는 하나님을 망각할 때 심판이 있음을 증거하는 삶을 살아야 합
니다.

"인자야 네가 반역하는 족속 중에 거주하는도다. 그들은 볼 눈이 있어도
보지 아니하고 들을 귀가 있어도 듣지 아니하나니 그들은 반역하는 족속
임이라"(겔 12:2)

2. 이스라엘의 부패와 죄악이 돌이킬 수 없는 지경이 되었습니다

멸망 받을 수밖에 없는 북이스라엘의 여러 가지 죄악들이 4-6절에 언
급되고 있는데 5절 말씀에는 "월삭이 언제 지나서 우리가 곡식을 팔며
안식일이 언제 지나서 우리가 밀을 내게 할꼬"라는 말씀이 나옵니다. 월
삭은 매달 초하루를 말하는데, 민수기 28장을 보면 이때에는 전제와 번
제와 소제를 하나님께 드리도록 합니다. 그리고 율법에 명확하게 명시되
지 않았지만, 월삭 때에는 당시의 관습에 따라 사람들은 매매를 금했습
니다. 또한, 안식일은 하나님의 창조에 근거하여 노동도 금지하였습니다.
그러나 이스라엘 백성들은 오로지 물질적인 탐심만 가득하여 이 날에 장
사하지 못하는 것을 염려와 걱정 가운데 불평불만을 토로합니다. 그래서
그들은 쉬는 것에 대한 손해를 에바를 작게 하고 세겔을 크게 하여 거짓
저울로 속여서 충당했습니다. 그런데 문제는 그 속임을 받는 대상이 힘없
고 가난하고 연약한 자들이었다는 것입니다. 그들은 자신들의 탐욕의 배
를 채우기 위해 악행을 멈추지 않았고, 반면에 가난한 자들은 아무 힘이
없어서 그들의 횡포에 그나마 조금 있던 것들도 빼앗겼습니다. 하나님은
이런 극악한 범죄들을 보시며 분노하셨으며, 그들이 행한 그 모습 그대로

반드시 되갚아 주시겠다고 말씀하십니다.

오늘날도 하나님의 심판을 두려워하지 않고 약자와 소외층에 대한 억압과 학대를 일삼는 경우가 있습니다. 하나님은 우상숭배와 더불어 약자와 소외된 사람들의 슬픔을 신원하신다는 사실을 많은 사람들이 알도록 선포해야 합니다.

> "또 너희 희락의 날과 너희가 정한 절기와 초하루에는 번제물을 드리고 화목제물을 드리며 나팔을 불라 그로 말미암아 너희의 하나님이 너희를 기억하시리라 나는 너희의 하나님 여호와니라"(민 10:10)

3. 말씀을 들어야 합니다

이스라엘이 하나님을 떠난 결과로 하나님께서는 그 백성들에게 무서운 재앙을 선포하십니다. 하나님께서 선포하신 재앙은 양식이 없어서 굶어 죽는 것이 아니었고 목말라 죽는 것도 아니었습니다. 바로 하나님의 말씀을 듣지 못하는 기근이었습니다. 말씀의 기갈은 하나님의 심판이 임박한 징조입니다. 말씀의 기갈 자체가 바로 하나님의 심판입니다.

하나님의 말씀을 가까이하지 않고 듣지 않는 것은 위기 상황입니다. 말씀의 기갈이 닥쳤는데 위기인 줄 모르면 망하고 맙니다. 북 왕국 이스라엘이 국가적으로는 번영하고 강성하였으나 실상은 영적 기갈의 상태였습니다. 아모스 등의 선지자들이 말씀으로 경고하였지만 듣지 않다가 결국 망했습니다. 실제로 세상의 욕심에 귀가 멀어서 하나님의 말씀을 듣지 못하는 경우가 많습니다. 더구나 이렇게 하나님의 말씀을 듣지 못하는 것을 별로 심각하게 생각하지도 않습니다. 그래서 이스라엘의 범죄와 실패는 오늘 이 시대에도 계속 되풀이되고 있습니다. 이런 시대에 살아가는 성도는 하나님의 말씀을 제대로 들을 수 있어야 영적인 주림과 기갈을 면할 수 있습니다.

"너를 낮추시며 너를 주리게 하시며 또 너도 알지 못하며 네 조상들도 알
지 못하던 만나를 네게 먹이신 것은 사람이 떡으로만 사는 것이 아니요
여호와의 입에서 나오는 모든 말씀으로 사는 줄을 네가 알게 하려 하심이
니라"(신 8:3)

말씀 실천하기
- 예배를 드릴 때 제일 큰 방해가 되는 것은 무엇입니까?
- 하나님 말씀을 듣지 못하는 것이 얼마나 위험한지 인식하며
  살고 있습니까?

합심 기도하기
- 하나님의 말씀을 청종하게 하소서.
- 탐욕과 위선을 버리고 말씀을 향한 갈급함을 회복하게 하소서.

이러므로 우리에게 구름 같이 둘러싼 허다한 증인들이 있으니
모든 무거운 것과 얽매이기 쉬운 죄를 벗어 버리고
인내로써 우리 앞에 당한 경주를 하며
믿음의 주요 또 온전하게 하시는 이인 예수를 바라보자
그는 그 앞에 있는 기쁨을 위하여 십자가를 참으사
부끄러움을 개의치 아니하시더니 하나님 보좌 우편에 앉으셨느니라

— 히 12:1, 2

선지자들의 외침 - 신앙편

바이블 루트

PART 4

19 하나님의 영으로 충만한 미가

■ 본문 말씀
미 3:5-12

■ 이룰 목표

- 사명을 감당하기 위해 성령으로 충만해야 함을 안다.
- 다시 오실 주님을 기다리는 자는 성령님을 의지해야 함을 안다.

■ 본문 살피기

- 거짓 선지자의 모습은 어떻습니까?(5절)
- 미가는 어떤 사람입니까?(8절)
- 이스라엘 지도자들의 죄는 어땠습니까?(11절)

소그룹예배 인도 순서

사도신경	다 같이
찬 송	180장(통 168)
기 도	회원 중
본문 말씀	미 3:5-12
새길 말씀	미 3:8
헌금 찬송	317장(통 353)
헌금 기도	회원 중
주기도문	다 같이

말씀 나누기

미가는 유다 지파의 모레셋 사람입니다. 미가가 활동하던 시대는 강대국 앗수르가 이스라엘과 유다를 위협하고 있었습니다. 이러한 상황에서도 남 유다의 지도자들은 하나님을 멀리할 뿐만 아니라 백성들을 압제하고 착취하는 등 심한 고통을 안겨 주었습니다. 미가는 이처럼 타락한 남 유다를 하나님께서 멸하실 것을 예언했습니다. 그는 하나님의 영으로 충만한 자로서 예루살렘의 멸망을 처음 예언한 자이기도 합니다.

그러나 심판만이 아니라 하나님의 약속을 따라 구원자를 보내실 것이며 하나님의 긍휼하심으로 회복시키실 것도 예언했습니다. 미가의 활동을 통해 미가의 인품과 신앙을 살펴보겠습니다.

1. 하나님의 영으로 충만했습니다

하나님의 영으로 충만한 미가는 '하나님은 의로우신 분이기에 죄에 대하여 심판하시는 분이며, 동시에 사랑이 많으신 분이기에 심판 중에도 자비를 베푸시는 분임'을 알고, 동족의 죄상과 더불어 임할 하나님의 심판을 강력하게 선포했습니다(미 1:8).

미가가 전한 메시지는 세 가지로 볼 수 있는데 첫째는 '이스라엘의 죄를 지적하고 하나님의 심판을 선고함과 동시에 하나님께서 남은 자를 다시 모으실 것'이며(미 1:2-2:13), 둘째는 지도자들의 심각한 죄를 낱낱이 지적하며 예루살렘의 멸망을 예언하지만, '하나님은 그리스도 곧 구원의 주이신 예수님을 보내심으로 만국을 회복하실 것'을 전했습니다(미 3:1-15). 셋째는 '하나님이 기뻐하시는 것은 수천 마리의 숫양이 아니라 하나님의 뜻대로 행하는 것이니 회개하라 그리하면 하나님은 반드시 이스라엘을 회복시키실 것'이라 선포했습니다(미 6:1-7:20).

이처럼 미가는 하나님의 영으로 충만했기에 하나님의 마음을 알 수 있었고, 그들의 죄악을 지적하고 회개하라 담대하게 외칠 수 있었습니다. 오늘날도 성령으로 충만하면 하나님의 마음을 알게 되고 담대히 외칠 수 있습니다. 예수께서도 '성령이 임하면 아버지의 마음을 알게 되며, 우리가 할 말을 주실 것이고, 장래 일을 말하게 될 것이라'고 하셨습니다(요 16:13).

"보혜사 곧 아버지께서 내 이름으로 보내실 성령 그가 너희에게 모든 것을

가르치고 내가 너희에게 말한 모든 것을 생각나게 하리라"(요 14:26)

2. 권력자들을 두려워하지 않았습니다

미가는 야곱 족속의 지도자들과 이스라엘 족속의 통치자들의 죄를 지적합니다. 그들은 '선을 미워하고 악을 기뻐하여 백성의 가죽을 벗기고 그 뼈에서 살을 뜯어먹는 자들이며(2–3절), 또한 시온을 피로, 예루살렘을 죄악으로 건축하고, 뇌물을 위하여 재판한다'고 외칩니다. 아울러 제사장은 '삯을 위하여 교훈하는 자'로, 선지자는 '돈을 위하여 점을 치면서도 여호와께서 우리 중에 계시니 재앙이 우리에게 임하지 않을 것'이라 말하는 데, 미가는 이들을 향해 '시온은 갈아엎은 밭이 되고 예루살렘은 무더기가 되고 성전의 산은 수풀의 높은 곳이 된다'고 선포합니다(8–12절).

권력자들 뒤에서는 무슨 말인들 못하겠습니까? 그러나 미가는 그들의 목전에서 그들의 죄를 낱낱이 지적했습니다. 미가가 권력자들을 두려워하지 않고 담대할 수 있었던 것은 오직 성령으로 충만했기 때문입니다. "오직 나는 여호와의 영으로 말미암아 능력과 정의와 용기로 충만해져서 야곱의 허물과 이스라엘의 죄를 그들에게 보이리라"(8절)

예수님의 제자들도 성령으로 충만하니 어떤 권세도 핍박도 죽음도 두려워하지 않고, 담대히 복음을 전했습니다(행 4:13–31).

"베드로와 요한이 대답하여 이르되 하나님 앞에서 너희의 말을 듣는 것이 하나님의 말씀을 듣는 것보다 옳은가 판단하라"(행 4:19)

3. 그리스도의 오심을 기대하며 찬양했습니다

미가는 그리스도의 오심과 그분이 오시면 모든 것이 회복될 것을 확신

하며 찬양했습니다. "베들레헴 에브라다야 너는 유다 족속 중에 작을지라도 이스라엘을 다스릴 자가 네게서 내게로 나올 것이라 그의 근본은 상고에 영원에 있느니라"(미 5:2) 그가 오시면 하나님의 능력으로 이스라엘 백성을 다스릴 것이며, 평강의 왕으로 모든 이방 신들을 모두 물리치고 온 세상을 통치하실 것을 예언하며 찬양했습니다.

또한 미가가 하나님을 찬양한 이유는 하나님은 우리가 엎드러질지라도 일으키시며, 우리가 죄를 지었을 때 주께서 벌하시지만 결국은 광명으로 인도하시는 분이시며(미 7:8-9), 그분이 오시면 온 세계로 지경이 넓혀지고, 그분은 우리를 사랑하시고 불쌍히 여기시기에 죄를 사하시고 우리의 죄악을 깊은 바다에 던져 버리시는 분이기 때문입니다(미 7:18-19).

하나님께서는 우리가 그리스도 안에서 항상 이기게 하시지만(고후 2:14), 우리는 여전히 고난 가운데 있습니다. 그럼에도 우리가 인내하며 찬양하는 이유는 지금 받는 고난과는 족히 비교할 수 없는 장차 받을 영광을 알기 때문입니다(롬 8:18).

"이것들을 증언하신 이가 이르시되 내가 진실로 속히 오리라 하시거늘 아멘 주 예수여 오시옵소서"(계 22:20)

말씀 실천하기
• 성령으로 충만하기 위해 무엇을 하겠습니까?
• 그리스도의 다시 오심을 기다리는 자로 어떻게 하겠습니까?

합심 기도하기
• 나와 교회를 성령으로 충만하게 하소서.
• 날마다 성령으로 충만하여 주님 다시 오실 날을 기다리게 하소서.

20 하나님의 사랑을 전한 호세아

■ 본문 말씀

호 6:4-6

■ 이룰 목표

- 사명은 하나님의 사랑을 알고 전하는 것임을 안다.
- 하나님을 바로 아는 것의 중요성을 안다.

■ 본문 살피기

- 에브라임과 유다의 인애를 하나님은 무엇으로 비유했습니까?(4절)
- 진심으로 회개하지 않으면 어떻게 된다 하십니까?(5절)
- 하나님이 원하시는 것 두 가지는 무엇입니까?(6절)

소그룹예배 인도 순서

사도신경	다 같이
찬 송	251장(통 137)
기 도	회원 중
본문 말씀	호 6:4-6
새길 말씀	호 6:6
헌금 찬송	321장(통 351)
헌금 기도	회원 중
주기도문	다 같이

말씀 나누기

호세아가 선지자 활동을 시작한 때는 요시야의 아들 여로보암이 왕이 된 때입니다. 이때는 북 이스라엘이 가장 번영하던 때였으나 또한 음행과 살인, 우상숭배도 극심했습니다. 정치적으로는 앗수르를 의지했습니다. 호세아는 하나님을 버린 원인을 하나님을 알지 못하기 때문이라고 보았습니다(호 2:8, 5:4). 그렇기에 호세아는 여호와를 바로 알아야 한다고 강조하고 있습니다(호 4:6). 하나님께서 원하시는 것은 인애요, 하나님을 바로 아는 것이라고 강조했습니다(호 6:6). 지식적으로 알기보다 부부가 서로를 알아가듯이 하나님을 알기 원했습니다. 그렇기에 호세아는 보통 사람은 감당하기 힘든 부부관계를 통해 무한한 하나님의 사랑을 깨닫고 전합니다. 호세아의 삶과 그가 선포한 말씀을 통해 호세아의 인격과 신앙을 살펴보겠습니다.

1. 결혼관계로 자녀를 향한 하나님의 깊은 사랑을 선포했습니다

호세아는 음란한 여인과 결혼하여 음란한 자식을 낳으라는 하나님의 명령을 따라 고멜과 결혼합니다(호 1:2). 여기서 음란한 여인 고멜은 하나님을 떠나 우상을 섬긴 이스라엘을 가리킵니다. 호세아는 음녀와 결혼함은 물론 그 여자를 사랑하라는 하나님의 말씀도 받습니다. 왜냐하면 "여호와가 그들을 사랑하기 때문"이라고 기록합니다. "여호와께서 내게 이르시되 이스라엘 자손이 다른 신을 섬기고 건포도 과자를 즐길지라도 여호와가 그들을 사랑하나니 너는 또 가서 타인의 사랑을 받아 음녀가 된 그 여자를 사랑하라 하시기로"(호 3:1).

이처럼 음란한 여인과의 결혼 및 음녀에 대한 사랑은 하나님께서 당신의 자녀들을 얼마나 사랑하시는지를 보여주는 메시지입니다. 호세아는 '음녀와의 결혼'이라는 메시지를 통해 비록 당시 이스라엘 백성들이 하나님을 떠나 만신창이가 되었을지라도 다시 하나님께로 돌이키면 여호와께서 그들과 결혼하여 남편이 되어 주시고 그들의 하나님이 될 것임을 선포한 것입니다. "여호와께서 이르시되 그 날에 네가 나를 내 남편이라 일컫고 다시는 내 바알이라 일컫지 아니하리라"(호 2:17). "내가 나를 위하여 그를 이 땅에 심고 긍휼히 여김을 받지 못하였던 자를 긍휼히 여기며 내 백성 아니었던 자에게 향하여 이르기를 너는 내 백성이라 하리니 그들은 이르기를 주는 내 하나님이시라 하리라 하시니라(호 2:23)"

오늘날도 하나님께서는 믿음으로 낳은 자녀인 성도들을 깊이 사랑하십니다. 세속에 따라 살면서 혹시 하나님을 멀리 떠났을지라도 다시 돌아온다면 백성으로 삼으시고 하나님이 되어 주십니다. 죄인의 죄 값을 대신 치르기 위해 그리스도께서 우리를 위해 죽으심으로 우리를 향한 하나님의 사랑을 보여주셨습니다(롬 5:6-8). 이 사랑을 깨닫는 것이 신앙의 출발입니다.

"사랑은 여기 있으니 우리가 하나님을 사랑한 것이 아니요 하나님이 우리를 사랑하사 우리 죄를 속하기 위하여 화목제물로 그 아들을 보내셨음이라"(요일 4:10)

2. 하나님 없는 곳에는 심판이 있음을 선포했습니다

하나님은 이스라엘을 언약에 따라 보호하시고 인도하여 번성하게 하심으로 그들을 향한 사랑을 입증하셨습니다. 이스라엘이 하나님 안에 거할 때에는 언제나 번영과 평화가 있었지만 언약을 어기고 우상을 섬기며 악행을 행할 때에는 고통이 가득했고 외세로부터 수모도 겪어야만 했습니다. 그러나 회개하고 돌아오면 사랑으로 그들을 회복시켜 주셨습니다.

분단된 남 유다와 북 이스라엘이 여전히 하나님을 떠난 삶을 살아감으로써 그들에게 동일하게 임할 하나님의 심판을 기록하고 있습니다. "에브라임아 내가 네게 어떻게 하랴 유다야 내가 네게 어떻게 하랴 너희의 인애가 아침 구름이나 쉬 없어지는 이슬 같도다. 그러므로 내가 선지자들로 그들을 치고 내 입의 말로 그들을 죽였노니 내 심판은 빛처럼 나오느니라"(4-5절). 하나님을 떠남으로써 분단의 아픔을 겪고 있음에도 불구하고 진정으로 하나님께 돌아오지 않은 이스라엘, 나아가 양국 모두 강대국 앗수르에게 멸망의 위기에 처해 있음에도 불구하고 여전히 하나님을 진심으로 찾지 않는 이스라엘에 대하여 호세아는 하나님의 심판이 임박했으니 이스라엘이 한마음으로 돌이키는 진정한 회개가 있어야 함을 선언하고 있는 것입니다.

하나님이 없는 곳에는 심판이 임합니다. 하나님의 심판은 분열과 다툼에 이은 자멸입니다. 분열과 다툼이 있다면, 진정으로 하나님을 위한 분열과 다툼인지 돌아보아야 합니다. 한 명의 신자와 교회는 독자 예수 그리스도를 내어줌으로써 얻은 하나님의 존귀한 백성이며 공동체입니다.

"우리가 아직 죄인 되었을 때에 그리스도께서 우리를 위하여 죽으심으로 하나님께서 우리에 대한 자기의 사랑을 확증하셨느니라"(롬 5:8)

3. 하나님께서 무엇을 원하시는지를 알라고 선포했습니다

호세아서는 하나님께서 원하시는 것이 '인애와 하나님을 아는 것'이라고 기록합니다. "나는 인애를 원하고 제사를 원하지 아니하며 번제보다 하나님을 아는 것을 원하노라"(6절). 인애는 히브리어로 헤세드(chesed)인데 '어진 마음으로 남을 사랑하는 마음'을 의미합니다. 그러므로 이 말씀은 '제사와 번제에 앞서 분단된 유다와 이스라엘 간에 사랑의 회복을 원하시는 하나님의 뜻을 알라'고 선포한 메시지라고 볼 수 있습니다.

오늘날에도 하나님 앞에서 회개한다고 말을 하지만 삶의 변화가 없고, 이웃에 대해 회개한다고 하면서도 관계는 회복되지 않는 형식적인 회개를 많이 볼 수 있습니다. 마치 호세아 선지자의 외침을 비웃듯이 조롱하며 가식적인 회개를 하는 이스라엘 백성들의 모습과 같습니다(호 6:1-3). 하나님께서는 예배에 앞서 신자, 교회, 이웃 간에 사랑의 회복을 원하십니다. 참된 회개는 하나님께서 보여주신 사랑을 동반합니다. 이것이 하나님을 아는 것입니다.

"영생은 유일하신 참 하나님과 그가 보내신 자 예수 그리스도를 아는 것이니라"(요 17:3)

말씀 실천하기
- 하나님의 사랑을 알기 위해 무엇을 하겠습니까?
- 하나님의 사랑을 전하기 위해 어떻게 하겠습니까?

합심 기도하기
- 하나님의 사랑의 너비와 길이 높이와 깊이를 알게 하소서.
- 하나님이 무엇을 원하시는지 더욱 깊이 말씀을 묵상하게 하소서.

21 하나님의 심판과 은혜를 선포한 이사야

■ 본문 말씀
사 43:1-13

■ 이룰 목표

- 하나님의 사랑은 공의가 함께 하는 것임을 안다.
- 택함 받은 그리스도인들은 증인으로 살아야 함을 안다.

■ 본문 살피기

- 하나님은 택한 자를 어떻게 보호하신다고 말씀하십니까?(2절)
- 하나님이 우리를 창조하신 목적이 무엇이라 하십니까?(7절)
- 하나님은 이스라엘을 왜 선택하셨습니까?(12절)

소그룹예배 인도 순서

사도신경	다 같이
찬 송	518장(통 252)
기 도	회원 중
본문 말씀	사 43:1-13
새길 말씀	사 43:10
헌금 찬송	288장(통 204)
헌금 기도	회원 중
주기도문	다 같이

말씀 나누기

'이사야' 라는 이름은 '여호와는 구원이 시다' 라는 의미입니다. 그 이름이 말하듯 이사야 선지자는 시종일관 하나님이 이스라엘의 주권자임을 선포합니다. 이사야는 남 유다의 웃시야, 요담, 아하스, 히스기야 왕 시대에 주로 유다와 예루살렘에서 활동한 선지자입니다. 이사야서 1장-39장은 하나님의 심판에 대하여 기록되어 있고, 40-66장에는 하나님의 은혜에 대하여 기록되어 있습니다. 이것은 하나님의 두 가지 성품인 공의와 은혜를 드러낸 것입니다.

이처럼 이사야는 하나님의 심판뿐만 아니라 회복과 하나님의 위로를 선포했습니다. 이사야의 삶을 통해 온전한 자녀로서의 태도에 대해 살펴보겠습니다.

1. 온전한 예배를 회복하라고 선포했습니다

이스라엘 백성들이 드린 각종 제사와 제물, 그들이 지킨 각종 절기들은 하나님이 명하신 것들입니다. 그런데 이사야는 이스라엘 백성들이 드린 이러한 제사(예배)를 하나님께서 거부하신다고 선포합니다(사 1:11-12). 또한 그들이 예배를 드린다 할지라도 하나님께서 받지 않으신다고 말씀합니다(사 1:15). 심지어 이러한 예배는 하나님께서 가증하게 여기시고 견딜 수 없는 상황에까지 도달했다고 선언합니다(사 1:113).

하나님께서 이렇게 제사(예배)를 받지 않으신 이유가 있습니다. 이스라엘 백성들은 예배는 드렸지만, 이방 신을 섬기고 악행을 일삼으며 가난하고 힘없는 자들을 무시하고 학대하는 등 하나님과 관계없는 예배를 드렸다는 것입니다(사 1:16-17). 하나님이 진정 원하시는 것에는 관심이 없고, 오직 자기들이 원하는 것에만 충실했다는 것입니다. 이사야는 이러한 이스라엘의 삶에 대하여 진정으로 회개하고 하나님이 기뻐하시는 예배를 회복하라고 전합니다. 그리고 하나님이 기뻐하시는 예배는 하나님의 의와 선행을 추구하고 약자를 도와주는 삶의 태도에서 비롯된다고 가르쳐줍니다. 이러한 메시지는 예수님의 말씀과 일치하기도 합니다(마 5:23-24). 오늘날의 교회와 성도들도 온전한 예배를 드리고 있는지 되돌아보아야 합니다. 혹시 이사야 당시 이스라엘 백성이 드린 예배와 닮아있다면, 이사야 선지자의 메시지에 따라 예배와 예배자의 삶을 회복해야 합니다.

"아버지께 참되게 예배하는 자들은 영과 진리로 예배할 때가 오나니 곧 이 때라 아버지께서는 자기에게 이렇게 예배하는 자들을 찾으시느니라" (요 4:23)

2. 하나님 백성으로서의 정체성을 회복하고 돌아오라고 선포했습니다

이사야는 유다와 이스라엘을 창조하시고 만드신 이가 바로 하나님이심을 선포함으로써 먼저 그들의 정체성을 일깨웁니다. "야곱아 너를 창조하신 여호와께서 지금 말씀하시느니라. 이스라엘아 너를 지으신 이가 말씀하시느니라"(1절). 너희들은 하나님께서 부른 하나님의 백성이라는 정체성을 회복해야 한다는 메시지인 것입니다. 그리고 하나님 백성으로서의 정체성을 회복하면, 하나님께서 구원자가 되셔서 너희들을 보호하시고 은혜와 사랑을 베푸실 것이라고 예언합니다(1-2절). 그리고 오직 여호와 하나님만이 국난의 위기에 처한 너희들을 구원하실 전능자이심을 선포합니다(11-13절).

이처럼 이사야는 유다 백성들에게 죄악에 대하여 지적했지만, 하나님께 돌아오면 하나님께서 회복시킨다는 하나님의 사랑과 긍휼의 메시지도 함께 선포했습니다. 부모가 자녀를 책망하고 벌을 주겠다고 큰소리로 야단을 치지만 곧 이어서 위로하고 격려한다면, 이는 자녀를 미워하고 벌하는 것이 목적이 아니라 바로 세우는 것이 목적임을 알 수 있습니다. 이와 같이 이사야의 메시지 앞부분은 책망과 심판이 대부분이지만 후반에는 위로와 회복의 메시지입니다. 이것은 이사야의 메시지가 책망에 초점이 있는 것이 아니라 회복시키는 것에 초점이 있었음을 알게 합니다. 이사야는 하나님과 깊이 교제를 통하여 그 사랑을 알고 있었기에 하나님의 마음인 공의와 사랑을 동시에 전할 수 있었습니다. 이와 같이 성도들도 자신을 돌아보아 하나님의 백성으로서의 삶을 회복해야 합니다.

"우리가 아직 죄인 되었을 때에 그리스도께서 우리를 위하여 죽으심으로 하나님께서 우리에 대한 자기의 사랑을 확증하셨느니라"(롬 5:8)

3. 이사야는 하나님이 필요로 할 때, 응답한 선지자였습니다

이사야는 유다와 이스라엘이 구원받기를 원하는 하나님의 마음을 계시 받습니다. 그리고 이러한 하나님의 사랑을 전달할 대언자를 찾으실 때 '나를 보내소서' 라고 응답합니다. "내가 또 주의 목소리를 들으니 주께서 이르시되 내가 누구를 보내며 누가 우리를 위하여 갈꼬 하시니 그때에 내가 이르되 내가 여기 있나이다 나를 보내소서 하였더니"(사 6:8)

자원하는 이사야에게 하나님께서 이렇게 전하라고 하십니다. "여호와께서 이르시되 가서 이 백성에게 이르기를 너희가 듣기는 들어도 깨닫지 못할 것이요 보기는 보아도 알지 못하리라"(사 6:9). 이 말씀은 당시 유대와 이스라엘이 무지하여 그들의 죄악이나 범죄를 깨닫거나 알지 못하고 있음을 알려줍니다.

당시 지도자들과 백성들은 하나님 대신 우상을 섬기고 있다는 것조차 깨닫지 못하고 있음을 엿볼 수 있습니다. 또한 물질만능에 사로잡혀 하나님을 멀리하는 동시에 약한 이웃을 돌아보기보다 도리어 학대하는 악행에 빠져있음에도 알지 못하고 있습니다.

이런 상태에 있는 사람들에게 그들의 죄악을 지적하고 회개를 촉구하라고 직언하는 사역을 맡는 것은 '죽으면 죽으리라' 는 결단 없이는 어려운 일입니다. 하나님의 뜻과 공의를 선포하면 찔림을 받아 회개하는 것이 아니라 오히려 대적하는 경우가 많기 때문입니다. 그럼에도 이사야는 하나님의 말씀에 적극적으로 응답한 선지자입니다. 지금도 하나님은 당신의 말씀과 공의를 대언할 자를 찾고 계십니다. 하나님이 부르실 때 즉각적으로 응답하는 성도가 되어야 합니다. 부르심에 응답하는 자에게 하나님께서는 감당할만한 힘을 주십니다.

주 여호와께서 학자들의 혀를 내게 주사 나로 곤고한 자를 말로 어떻게 도
와 줄 줄을 알게 하시고 아침마다 깨우치시되 나의 귀를 깨우치사 학자들
같이 알아듣게 하시도다(사 50:4)

말씀 실천하기
- 매일 주시는 말씀에 순종하기 위해 어떻게 하겠습니까?
- 증인의 사명을 감당하기 위해 어떻게 하겠습니까?

합심 기도하기
- 하나님의 사랑을 알고 온전히 순종하는 자가 되게 하소서.
- 하나님의 사랑을 때와 장소를 가리지 말고 전하게 하소서.

22 고난당하는 이스라엘을 위로한 나훔

■ 본문 말씀
나 1:1-15

■ 이룰 목표
- 하나님이 어떤 분인가를 안다.
- 나훔과 같이 낙심된 자의 위로자가 된다.

■ 본문 살피기
- 하나님은 어떤 분이라고 소개합니까?(2절)
- 하나님은 사랑이심을 어떻게 표현했습니까?(3, 7절)
- 나훔은 이스라엘 백성을 어떻게 위로하고 있습니까?(12-13절)

소그룹예배 인도 순서

사도신경	다 같이
찬 송	381장(통 425)
기 도	회원 중
본문 말씀	나 1:1-15
새길 말씀	나 1:7
헌금 찬송	380장(통 424)
헌금 기도	회원 중
주기도문	다 같이

말씀 나누기

나훔은 엘고스 사람으로 앗수르의 멸망에 대해 중점적으로 예언한 선지자입니다. '안위' '위로'를 뜻하는 그 이름대로 앗수르의 멸망과 함께 앗수르에 의해 고통당하는 이스라엘의 회복을 선포하여 이스라엘을 위로한 선지자입니다. 그는 진노하시는 하나님이시지만 동시에 사랑의 하나님으로 소개합니다. 특히 앗수르에 대한 멸망의 예언은 가혹할 정도입니다. 모순되는 것처럼 보이는 나훔의 예언을 통해 나훔은 하나님을 어떻게 이해했으며 어떤 신앙의 사람이었는가를 살펴보고자 합니다.

1. 하나님은 질투하시는 분입니다

나훔은 하나님께서 앗수르에 대해 질투하시며 보복하신다고 선포합니다(2절). 좋은 부부 사이를 갈라놓기 위해 제 삼자가 아내나 남편을 질투하는 것은 죄입니다. 그러나 부부 중에 남편(아내)이 다른 여자(남자)를 사랑하게 될 때, 부부 사이를 갈라놓으려는 사람에 대해 남편이나 아내가 질투하는 것은 정상입니다. 하나님은 이스라엘 백성들과 결혼하셨습니다(호 2:19). 나훔은 사랑하는 이스라엘 백성들과 하나님 사이를 갈라놓으려는 앗수르를 하나님이 질투하시고 보복하신다고 선포합니다. 앗수르가 강할지라도 하나님의 진노로 저들은 망할 것이라 선포했고, 실제로 앗수르는 메대와 바벨론에 의해 멸망당합니다.

나훔은 하나님의 본성은 사랑이지만 공의를 동반한 사랑이 진정한 사랑임을 알았습니다. 공의가 없다면 방자한 사람들이 속출하고 하나님이 통치하시는 세계의 질서는 무너질 것입니다. 또한 만일 사랑이 없고 공의만 있다면 독재자의 공포정치 아래 있는 사람들처럼 매일매일이 지옥 같을 것입니다. 사랑은 공의로 완성되고, 공의는 사랑에 의해 정당성을 인정받아야 합니다. 나훔은 하나님의 사랑과 공의를 질투라는 말로 표현했습니다.

"그리스도께서 우리를 위하여 저주를 받은 바 되사 율법의 저주에서 우리를 속량하셨으니 기록된 바 나무에 달린 자마다 저주 아래에 있는 자라 하였음이라"(갈 3:13)

2. 하나님은 노하기를 더디하시는 분입니다

사람들은 분노를 잘 참지 못합니다. 사람들이 분노하는 이유는 자기를 사랑하는 자기중심적인 마음을 가지고 있기 때문입니다. 자기중심적인 사람들은 자기를 모욕하거나 비난하거나 조롱하거나 자기가 원하는 대로 되지 않을 때 참지 못합니다. 그러나 나훔은, 하나님은 노하기를 더디 하시는 분이라고 소개합니다(3절). 하나님이 노하기를 더디 하시는 이유는 자기 백성들을 사랑하시기 때문입니다.

사랑과 징계는 동전의 양면과 같습니다. 하나님은 인간이 행복하게 살 수 있도록 질서를 세우셨고, 질서를 파괴하는 자를 벌하십니다. 하나님은 선지자들을 보내 바른 질서를 파괴하는 죄인들에게 계속 경고하셨지만, 오랜 시간 참으시며 기다리셨습니다. 그러나 끝내 하나님의 말씀을 듣지 않고 계속적으로 죄를 지어 하나님의 창조질서를 위협하는 자들을 벌하셨습니다. 노하기를 더디 하시는 하나님의 진노하심은 이 땅에 평안과 질서를 위한 사랑의 또 다른 표현입니다.

오래 참으신 하나님께서 이 땅에 사랑으로 새롭게 질서를 세우시기 위해 예수님을 보내셨습니다. 그러나 끝내 그 사랑을 받아들이지 않으면 버림받습니다(요 3:16-18).

"사랑하지 아니하는 자는 하나님을 알지 못하나니 이는 하나님은 사랑이심이라"(요일 4:8)

3. 하나님은 낙심한 자를 위로하시는 분입니다

나훔은 이스라엘의 죄에 대해서는 언급하지 않고, 앗수르에 대해 '보복하시는 하나님' 이라고 세 번 반복함으로, 하나님께서 이스라엘을 회복시킬 것임을 특별히 강조했습니다(2절). 이스라엘 백성에게 앗수르 멸망에 대한 예언은 복된 소식입니다. 우리가 일제 치하에서 신민지로 36년여 동안 치욕적인 생활을 하다가 일본이 망한다는 소식을 들었을 때, 큰 기쁨의 소식이었듯이 이스라엘 백성들에게 앗수르의 멸망 소식은 큰 위로가 되었습니다.

나훔은 아직 앗수르가 건재하지만 반드시 멸망할 것이고 하나님은 이스라엘의 영광을 회복시킬 것을 선포합니다(나 2:2). '그들이 아무리 많고 강할지라도 멸망할 것이고 그들이 네게 지운 멍에를 깨뜨리고 결박을 끊으실 것'이라고 선포합니다(12-13절). 또한 나훔은 하나님의 약속을 믿고 낙심한 백성들을 위로했습니다. "이스라엘이여 여호와의 구원을 너같이 얻은 백성이 누구냐 … 네 대적이 네게 복종하리니 네가 그들의 높은 곳을 밟으리로다"(신 33:29)

하나님은 우리에게 위로자를 보내셨으니 곧 성령님이십니다. 성령님은 죄를 드러내시고 죄인들을 벌하시지만 하나님의 백성들을 위해 말할 수 없는 탄식으로 기도하시며 우리를 보호하시고 인도하십니다(롬 8:26).

"은총의 표적을 내게 보이소서 그러면 나를 미워하는 그들이 보고 부끄러워 하오리니 여호와여 주는 나를 돕고 위로하시는 이시니이다"(시 86:17)

말씀 실천하기
• 하나님의 사랑을 알기 위해 무엇을 하겠습니까?
• 낙심한 자를 위로하기 위해 어떻게 하겠습니까?

합심 기도하기
• 하나님의 사랑과 공의를 깨닫게 하소서.
• 낙심한 자에게 진정한 위로자가 되게 하소서.

23 하나님의 정의가 실현될 것을 확신한 스바냐

■ 본문 말씀
습 3:14-20

■ 이룰 목표
- 교만은 패망의 선봉임을 안다.
- 하나님의 정의는 반드시 실현됨은 안다.

■ 본문 살피기
- 스바냐가 제시한 회복의 세 가지 길은 무엇입니까?(2:1-3절)
- 이스라엘에게 두려워하지 말라 하신 이유는 무엇입니까?(15절)
- 이스라엘 백성들을 향한 하나님의 마음을 어떻게
  표현했습니까?(17절)

소그룹예배 인도 순서

사도신경 **다 같이**

찬 송 **68장**(통 32)

기 도 **회원 중**

본문 말씀 **습 3:14-20**

새길 말씀 **습 3:17**

헌금 찬송 **313장**(통 352)

헌금 기도 **회원 중**

주기도문 **다 같이**

말씀 나누기

스바냐는 히스기야 왕의 혈통을 이어받은 것으로 여겨집니다. 스바냐가 활동하던 시기는 요시야 왕이 종교개혁을 하기 전으로 보입니다. 이는 스바냐가 일월성신을 예배하는 일과 지도자들의 방탕을 지적하고 있는데, 일월성신을 예배하는 일은 요시야의 종교개혁으로 폐지되었기 때문입니다. 그는 하나님의 진노의 심판을 불을 토하듯 전했습니다. 그래서 그는 '심판의 선지자'이며 '징벌과 약속의 선지자'라 부르기도 합니다. 특히 교만의 죄를 지적했는데, "오직 나만 있고 나 이외에는 없다" (2:15)는 앗수르의 태도를 대표적인 사례로 지적했습니다. 그러나 하나님의 말씀에 순종하는 자들은 보호하고 구원하실 것을 전합니다. 이제 스바냐가 전한 메시지를 통해 그의 신앙과 인격을 살펴보겠습니다.

1. 교만한 자의 패망을 선포했습니다

스바냐의 예언은 심판의 선고로 시작합니다. 그만큼 그 시대는 악이 창궐하여 하나님의 심판이 임박했음을 보여줍니다. 그 심판은 사람에게만 아니라 온 우주 만물에 대한 심판일 것을 선포합니다(습 1:2-3). 왜냐하면 유다 백성들이 하나님이 만드신 피조물을 우상으로 섬겼기 때문입니다. 인간이 가장 행복하게 살 수 있는 방법은 하나님과 함께 하나님이 정하신 법 안에서 사는 것입니다. 그러나 사람들은 '하나님은 복도 내리지 않고 화도 내리지 못한다' 고 무시하며 하나님을 거역하고 하나님을 찾거나 하나님께 구하지도 않았습니다. 방백들은 자기들 멋대로 백성들을 탈취하고 재판관들은 판결을 굽게 하며 선지자들이나 제사장들까지 하나님의 말씀을 무시하고 연약한 자들을 억압하고 탈취까지 합니다.

이에 대하여 스바냐는 '하나님은 자기중심적인 태도 곧 교만을 싫어하시고 교만한 자들을 대적하시고 멸하신다' 고 선포합니다. 1장에서는 교만한 자들에 대해 "진멸하겠다" "멸절하겠다" "벌하겠다"라는 말을 반복합니다. 당장은 교만한 자들이 승자인 것처럼 보이지만 심판의 날, 등불을 들고 다니며 교만한 자들을 일일이 찾아내 멸할 것입니다. 교만이 극에 달해 하나님을 조롱했던 앗수르도 만민의 조롱거리가 될 것임을 선포합니다(습 2:15).

"사람의 마음의 교만은 멸망의 선봉이요 겸손은 존귀의 길잡이니라" (잠 18:12)

2. 회복의 길을 제시했습니다

스바냐는 죄와 하나님의 심판을 선고하는 동시에 회복의 방법을 세 가지로 제시합니다. 첫째는 하나님 앞으로 모이는 것입니다. "수치를 모르는 백성아 모일지어다"(습 2:1). 하나님을 모르는 사람들은 죄를 자랑스럽게 여깁니다. 수치스러운 일을 저지르면서도 수치스럽게 여기기는커녕 그 일을 자랑으로 여깁니다. 그러나 하나님 앞에 나오면 자기들이 얼마나 더러운 죄를 지었는지 자신들이 얼마나 수치스러운 일을 저질렀는지 알게 되고 회개합니다. 하나님의 심판이 임하기 전에 하나님을 무시한 채 엉뚱한 길로 다니던 백성들은 하나님 앞으로 나와야 합니다. 하나님 앞에 나아올 때 회복이 시작됩니다.

둘째는 하나님을 찾아야 합니다(습 2:3). 자기밖에 모르던 자들, 자기를 위해 우상을 만들어 섬기던 자들, 자기들의 권력과 재물이 자기들을 지켜줄 것으로 생각했던 자들은 이제 하나님을 찾아야 합니다. 오직 하나님만이 창조주이시며, 만물을 주관하시는 분이시며, 왕이시며, 우리의 구원이심을 인정하고 하나님만 찾아야 합니다. 하나님을 전심으로 찾을 때, 회복이 찾아옵니다.

셋째는 공의와 겸손을 구해야 합니다(습 2:3). 하나님 앞에 나온 이들은 불의를 버리고 하나님의 뜻을 따라 공의를 실현해야 하며, 교만을 버리고 겸손해야 합니다. 자기를 낮추고 하나님을 높일 때, 하나님과의 관계가 회복됩니다.

"그러므로 너희가 회개하고 돌이켜 너희 죄 없이 함을 받으라 이같이 하면 새롭게 되는 날이 주 앞으로부터 이를 것이요"(행 3:19)

3. 하나님의 정의가 실현될 것을 확신했습니다

스바냐는 하나님의 정의가 반드시 실현될 것을 믿었습니다. 하나님께서는 가난하고 멸시와 천대를 받지만 끝까지 말씀에 순종하며 살아온 사람들을 기억하고 계시며, 비록 소수이지만 이들을 보호하시고, 이들을 통해 이스라엘을 회복시키실 것을 확신했습니다. 스바냐는 이러한 확신 속에서 '이스라엘 왕 여호와가 너희 가운데 계시니 두려워하지 말라 절망하지 말라. 대적들을 몰아내고 쫓겨난 자를 모으며 온 세상에서 수욕 받던 자들을 일으켜 천하 만민 가운데서 명성과 칭찬을 얻게 할 것'이라고 선포합니다(습 3:19-20).

하나님께서는 죄와 사망의 법에 매어 소망이 없던 우리를 대신해 예수 그리스도를 십자가에 내어주시고, 예수님을 다시 살리심으로 부활의 소망을 갖게 하셨습니다. 지금은 비록 예수 그리스도로 인해 멸시를 받고 핍박을 받을지라도 하나님은 그들을 위해 큰 상을 예비하고 계십니다. 선을 행하지만 알아주는 사람이 없다고 낙심할 필요 없습니다. 하나님은 잊지 않으시고 때가 되면 반드시 갚으십니다(갈 6:9).

"평강의 하나님께서 속히 사탄을 너희 발아래에서 상하게 하시리라 우리 주 예수의 은혜가 너희에게 있을지어다"(롬 16:20)

말씀 실천하기
- 나 중심적인 교만함이 있다면 어떻게 하겠습니까?
- 정의가 짓밟힐 때, 어떻게 하겠습니까?

합심 기도하기
- 교만함을 버리고 겸손히 하나님을 섬기게 하소서.
- 하나님의 공의가 실현될 것을 믿고 하나님만 바라보게 하소서.

24 부흥을 사모하는 하박국

- **본문 말씀**
합 3:16-19

- **이룰 목표**
  - 의문으로 질문하는 것의 중요성을 안다.
  - 어떤 경우라도 하나님은 당신의 백성을 회복시키심을 안다.

- **본문 살피기**
  - 하나님은 하박국의 질문에 무엇이라 답하셨습니까?(2:4절)
  - 하박국은 무엇으로 두려워했습니까?(16절)
  - 하박국이 기뻐할 수 있는 이유는 무엇이었습니까?(19절)

소그룹예배 인도 순서

사도신경	**다 같이**
찬 송	**440장**(통 497)
기 도	**회원 중**
본문 말씀	**합 3:16-19**
새길 말씀	**합 3:18**
헌금 찬송	**311장**(통 185)
헌금 기도	**회원 중**
주기도문	**다 같이**

말씀 나누기

불의가 만연한 시대에 살면서 어떤 사람들은 그 불의를 폭로하고 항거하는 사람이 있는가 하면, 어떤 사람들은 불의한 세상에서 살아남기 위해 그 세력에 비위를 맞추며 사는 사람들이 있습니다. 하박국은 이 두 부류 중 어느 곳에도 속하지 않았습니다. 하박국은 불의에 대해 하나님께 호소하는 사람이었습니다. 선하신 하나님께서 반드시 이 땅에 정의와 공의를 실현하실 것을 믿었습니다. 그렇기에 하나님께 묻고 응답을 기다렸고, 하나님이 응답하실 때 아멘으로 받아들여 하나님을 찬양했습니다. 이제 하박국의 질문과 하나님의 답변에 반응하는 하박국을 통해 그의 신앙과 인격을 살펴보려 합니다.

1. 이해할 수 없을 때 하나님께 질문했습니다

당시 유다에는 이해할 수 없는 일들이 일어났습니다. 하나님을 섬긴다는 사람 가운데 힘 있는 자들이 약한 자들을 무시하고 자기 욕심을 채우기 위해 약한 자들의 것을 강탈했습니다. 이런 일들이 계속됨에도 불구하고 하나님은 침묵하셨습니다. 하박국은 하나님의 침묵하심에 답답하여 부르짖습니다(합 1:2-4). 하나님께서 갈대아인을 일으켜 죄지은 자들을 징벌하시겠다 하시자 하박국은 다시 질문합니다. 하나님은 이스라엘을 책임지시는 분이며, 죄를 용납지 않으시는 거룩하신 분인데, 어찌 악한 자들이요 우상을 섬기는 자들의 손에 선택한 백성을 맡길 수 있느냐는 것입니다.

지금 이 시대에도 하나님의 공의를 의심할 만한 일들이 곳곳에서 일어납니다. 하나님이 계시다면 어떻게 이런 일이 일어나는가? 하나님을 섬기는 사람들에게 약속하신 복은 정말 이루어지는가? 왜 하나님을 의지하는 데, 삶은 더 어려워지는가? 하는 의문을 갖게 됩니다. 믿는 이들이 의문을 가지고 질문하는 것은 불신에서 온 것이 아니기에 정당합니다. 하나님의 주권을 믿는 사람들은 질문하고, 응답하셨을 때 아멘으로 반응합니다. 하나님의 주권을 믿는 사람들은 의문을 가질 수는 있지만 불신에 빠지지 않습니다.

"내 영혼아 네가 어찌하여 낙심하며 어찌하여 내 속에서 불안해하는가 너는 하나님께 소망을 두라 그가 나타나 도우심으로 말미암아 내가 여전히

찬송하리로다"(시 42:5)

2. 하나님의 응답을 사모했습니다

하박국은 절박한 심정으로 기도했기에 그의 기다림도 간절했습니다. 그는 파수꾼과 같이 성루에 서서 하나님의 음성을 듣기 위해 집중했습니다(합 2:1). 간절함이 사모하는 마음을 일으킵니다. 간절함이 없는 사람은 기다리지 않습니다. 배고프지 않은 사람은 음식을 사모하지 않고, 목마르지 않은 사람은 물을 사모하지 않습니다. 믿음으로 사모하는 간절함이 기적을 일으켰습니다. 수로보니게 여인의 간절한 믿음이 딸을 치료했고, 친구들의 간절한 믿음이 중풍병자를 일으켰습니다. 간절함으로 기도하면 하나님은 반드시 응답하십니다(눅 18:7).

하나님은 하박국의 간절한 기도에 응답하셨습니다. "의인은 믿음으로 말미암아 살리라"(합 2:4) 세상이 어떻게 변하든 하나님은 믿음의 사람들을 찾고 계십니다. 믿음으로 기다리는 사람들을 마침내 구원하십니다. 마침내 "물이 바다를 덮음 같이 여호와의 영광을 인정하는 것이 세상에 가득함이니라"(합 2:14) 하신 대로 하나님은 믿음의 사람들을 통해 세상 모든 사람이 인정할 수 있도록 그의 영광을 나타내실 것입니다. 수많은 사람들이 눈에 보이는 것으로 구원을 확인하려 합니다. 그러나 하나님은 눈에 보이는 것이 아니라 믿음으로 기다리라 하십니다.

"너는 내게 부르짖으라 내가 네게 응답하겠고 네가 알지 못하는 크고 은밀한 일을 네게 보이리라"(렘 33:3)

3. 부흥을 사모했습니다

하나님의 응답을 들은 하박국은 놀라움으로 기도합니다. 하박국은 하나님의 백성들을 속히 회복시켜달라고 간구합니다(합 3:2). 회복을 위해 기도한 하박국은 믿음으로 하나님이 하실 일을 바라봅니다. 하나님의 영광이 하늘을 덮었고 그의 찬송이 세계에 가득하며 주께서 노를 발하셔서 나를 해하기를 즐거워하는 자들의 머리를 창으로 찌르셨다고 고백합니다(합 3:3-15).

적들로 인해 뼈 속 깊이 두려움이 밀려옵니다. 적의 침략으로 수고한 모든 것이 다 사라질 것을 압니다. 그럼에도 불구하고 그는 여호와로 말미암아 즐거워하고 구원의 하나님으로 말미암아 기쁨으로 노래합니다. 왜냐하면 주께서 반드시 자신들을 구원하셔서 높이실 것을 알기 때문입니다(17-19절). 하박국은 당시 상황은 변함이 없지만 믿음으로 부흥을 사모했습니다.

예수님께서 사망 권세를 깨고 부활하심을 믿는 성도들은 지금 당하는 어려움으로 인해 불평하거나 원망하지 않습니다. 오히려 승리를 확신하기에 하나님 나라를 사모하며 찬양합니다.

"생각하건대 현재의 고난은 장차 우리에게 나타날 영광과 비교할 수 없도다"(롬 8:18)

말씀 실천하기
- 의문이 생길 때 불신하겠습니까? 질문하겠습니까?
- 낙심할 만한 상황에서 어떻게 하겠습니까?

합심 기도하기
- 하나님에 대해 불신하는 자가 아니라 믿음의 사람이 되게 하소서.
- 어떤 상황에도 하나님의 선하심을 믿고 찬양하게 하소서.

이러므로 우리에게 구름 같이 둘러싼 허다한 증인들이 있으니
모든 무거운 것과 얽매이기 쉬운 죄를 벗어 버리고
인내로써 우리 앞에 당한 경주를 하며
믿음의 주요 또 온전하게 하시는 이인 예수를 바라보자
그는 그 앞에 있는 기쁨을 위하여 십자가를 참으사
부끄러움을 개의치 아니하시더니 하나님 보좌 우편에 앉으셨느니라

– 히 12:1, 2

선지자들의 외침 – 신앙편

바이블 루트

PART 5

25 눈물의 사명자 예레미야

■ 본문 말씀
렘 1:1-10, 9:1

■ 이룰 목표
- 하나님 나라 백성으로 주님이 주신 사역을 담대히 받아들인다.
- 고난과 어려움 속에서도 맡은 사명을 끝까지 감당하는 믿음을 갖는다.

■ 본문 살피기
- 유다의 마지막 왕은 누구입니까?(3절)
- 예레미야가 소명 받을 때, 자신을 무엇이라고 했습니까?(6절)
- 하나님이 예레미야에게 하라고 하신 일은 무엇입니까?(7절)

소그룹예배 인도 순서

사도신경	다 같이
찬 송	342장(통 395)
기 도	회원 중
본문 말씀	렘 1:1-10, 9:1
새길 말씀	렘 1:7
헌금 찬송	353장(통 391)
헌금 기도	회원 중
주기도문	다 같이

말씀 나누기

한 나라가 전쟁으로 망할 때의 상황은 비참합니다. 한국도 6.25 전쟁을 통해 그 아픔을 겪었습니다. 이스라엘 민족도 그 아픔을 겪었으며 그 시기에 활동했던 선지자 예레미야가 있었습니다.

예레미야라는 이름의 뜻은 '여호와께서 던지다(세우신다)' 라는 뜻으로 하나님께서 유다를 심판하신다는 의미로 볼 수 있습니다. 이스라엘 민족은 두 나라로 나누어 있었습니다. 북쪽에는 이스라엘, 남쪽에는 유다라는 이름으로 나누어져 있다가 이스라엘은 주전 722년에 앗수르에게 멸망하고, 이제 유다만 남아있게 됩니다. 그러나 유다조차도 바벨론에 의해 주전 586년에 멸망합니다. 예레미야는 유다의 최후를 맛보며 40년(주전 627-586) 동안 활동한 선지자입니다. 나라의 멸망을 바라보아야 했던 선지자였기에 많은 눈물을 흘렸고, 그의 별명조차 눈물의 선지자로 불립니다. 사명을 받은 선지자 예레미야의 삶을 살펴보겠습니다.

1. 가장 힘들고 어려울 때, 부름 받았습니다

유다는 주변 강대국의 침략으로 흉흉해 있었습니다. 우상이 판을 치고 있던 주변 강대국 사이에서 유다 백성들은 하나님을 떠나 이제 우상을 섬겼습니다. 이방인의 세속적 삶의 방식까지 받아 들였습니다. 하나님을 의지하기보다 자신들이 찾은 이방신들과 자신들의 힘으로 무엇인가 해 보려고 합니다. 하나님을 떠난 유다 백성들은 더 이상 애굽에서 구해 낸 하나님의 백성이 아니었습니다. 결국 유다는 하나님의 심판대 앞에 놓였고, 주변 강대국 애굽과 바벨론 사이에서 유린당하기 시작하였습니다.

이런 총체적 난국 속에서 하나님께서 30세쯤 된 예레미야를 선지자로 부르셨습니다(5절). 그러나 예레미야는 '슬프도소이다 주 여호와여 보소서 나는 아이라 말할 줄을 알지 못하나이다' 라고 대답했습니다(6절). 이런 예레미야의 대답에 하나님께서는 어린아이와 같다고 말하지 말라고 하십니다. 오히려 두려워하지 말고 담대히 나갈 것을 말씀하십니다. 그리고 하나님께서 함께 하시고 지켜주시겠다고 약속하십니다.

우리에게 주어진 많은 사역 앞에 어떻게 대답합니까? "나는 할 수 없습니다. 아직 아닙니다. 좀 더 성장한 후에 하겠습니다."라며 말하고 있지 않습니까! 그러나 하나님은 상황적으로 가장 어렵더라도 예레미야처럼 우리를 부르십니다. 왜냐하면 하나님은 부족한 것을 보고 쓰시는 것이 아니라, 믿고 따르는 믿음을 보고 일하시기 때문입니다.

"여호와께서 내게 이르시되 너는 아이라 말하지 말고 내가 너를 누구에게 보내든지 너는 가며 내가 네게 무엇을 명령하든지 너는 말할지니라"(렘 1:7)

2. 백성을 위한 눈물의 기도자였습니다

예레미야는 유다가 멸망하는 최후(주전 586)까지 40년 동안 하나님이 주신 말씀을 선포하였습니다. 예레미야는 다른 어떤 선지자보다도 더 가혹하고 처절하게 유다의 파멸을 선포하였습니다. 그 이유는 유다 백성의 죄악은 극에 달해 있었기 때문입니다. 오랜 기간에 걸쳐 유다 백성은 타락하고 부패했으며, 하나님의 심판은 피할 수 없는 현실이 되었습니다. 결국 유다 왕국은 바벨론에 의해 처참하게 멸망당하고 예루살렘 성전마저 철저하게 파괴됩니다. 회개하고 돌아오는 길만이 유일한 하나님의 심판을 피하는 길이었습니다.

깨닫지 못하는 민족을 바라보며, 예레미야는 슬퍼하고 하염없는 눈물을 흘리며 기도합니다(렘 8:18-9:1). 깨달음이 없어 하나님께 돌아오지 않는 백성을 위해, 명운이 다해가는 나라를 위해, 이 슬프고 아픈 그리고 힘든 사명을 위해 기도합니다. 그는 눈물의 기도자, 눈물의 선지자가 되었습니다.

눈물로 기도했던 예레미야처럼 하나님을 알지도 못하며 떠난 사람들을 위해, 이 나라를 위해, 주님의 귀한 사역을 위해 눈물의 기도자가 되어야 합니다.

"어찌하면 내 머리는 물이 되고 내 눈은 눈물 근원이 될꼬 죽임을 당한 딸 내 백성을 위하여 주야로 울리로다"(렘 9:1)

3. 조롱과 핍박 속에서도 기도하며 자신의 사명을 완수했습니다

유다 지도자들과 백성들은 자신들이 찾은 우상을 섬기며 그들이 자신들을 지켜 줄 것이라고 믿었습니다. 하나님 없이 자신들의 힘을 믿고 유다 나라와 백성이 멸망한다는 것은 말도 안 되는 것으로 치부하였습니다. 그래서 바벨론에 의해 유다가 멸망한다는 것을 선포해야 하는 예레미야는 많은 사람들의 조롱거리가 되었습니다. 더 나가 예레미야를 핍박하기까지 하였습니다(렘 18:18). 담대히 나갔던 예레미야도 조롱과 핍박 앞에 너무 힘들어 태어나지 않았더라면 하는 기도까지 합니다(렘 20:7-18). 그럼에도 불구하고 눈물의 선지자는 다시 일어나 주님의 말씀을 선포하며 주의 명령을 감당했습니다. 예레미야처럼 우리에게 주어진 사명은 끝까지 감당할 수 있도록 눈물로 주님께 기도해야 합니다. 예수님도 기도하시며 사명을 감당하셨습니다. 많은 정치 지도자들과 유대인들로부터 조롱거리로 전락했던 예수님, 온 백성이 보는 앞에서 치욕스런 십자가에 못 박히신 예수님이셨습니다. 그러나 겟세마네의 기도와 함께 죽기까지 자신의 사명을 감당하였습니다. 우리도 모든 어려움을 이겨낸 예레미야처럼, 예수님처럼 기도하며 끝까지 사명을 감당해야 합니다.

"너는 그들 때문에 두려워하지 말라 내가 너와 함께 하여 너를 구원하리라 나 여호와의 말이니라 하시고"(렘 1:8)

말씀 실천하기
- 내게 맡겨진 그리고 맡아야 할 사명은 무엇입니까?
- 어려움 속에서도 끝까지 맡은 사명을 잘 감당하도록 눈물로 기도하고 있습니까? 누구와 언제 기도하겠습니까?

합심 기도하기
- 교회, 가정, 직장, 사회 모임 가운데 맡겨진 사명을 끝까지 잘 감당하게 하옵소서.
- 교회와 사회, 국가에 대한 비전과 사명으로 하나님 나라 이루게 하옵소서.

26 심판을 선포하는 하나님의 사자 오바댜

■ 본문 말씀
옵 1:1-21

■ 이룰 목표
- 하나님이 심판하시는 세상의 죄악이 무엇인지 살펴본다.
- 하나님의 심판 중에도 하나님 나라의 기쁜 소식과 소망은 전해져야 됨을 안다.

■ 본문 살피기
- 오바댜는 어느 나라에 대한 하나님의 심판을 말하고 있습니까?(1절)
- 에돔은 누구의 후손들이 세운 나라입니까?(6절)
- 에서의 형제는 누구입니까?(10절)

말씀 나누기

이름은 특별한 의미를 줍니다. 이름에 뜻과 의미를 부여하기 때문입니다. 오늘의 인물인 오바댜 선지자도 그렇습니다. 그 뜻은 '여호와의 종', '여호와를 경배하는 자' 라는 뜻입니다. 그 당시 이 이름은 많은 사람들이 자녀들에게 지어 준 이름으로 성경에도 서로 다른 11명의 동명이인이 있습니다. 사실 오바댜는 유다 출신이라는 점 외에는 잘 알려지지 않았습니다. 그는 정황상 유다가 멸망할 때쯤인 주전 6세기 인물로 추측

할 뿐입니다.

오바댜서는 구약에서 가장 짧은 21절로 구성되었습니다. 이 오바댜서를 통해 에서의 후손으로 시작된 에돔 나라의 심판과 그 선포된 메시지를 통해 전해진 하나님 나라의 약속을 살펴보도록 하겠습니다.

1. 에돔의 죄악에 대한 하나님의 심판을 선포했습니다

오바댜가 선포한 에돔이라는 나라는 이스라엘과 특별한 관계가 있습니다. 바로 형제의 나라입니다. 에서를 통해 에돔이 그리고 에서의 동생 야곱을 통해 이스라엘 나라가 형성되었기 때문입니다. 그러나 역사적으로 에돔은 이스라엘과 언제나 대적 관계를 가졌습니다. 모세가 출애굽하여 가나안 땅으로 가는 길에 에돔은 이스라엘의 길을 막았고, 유다 나라를 배신하거나 괴롭히거나 공격, 침공하기까지 했습니다. 결국 여러 선지자(이사야, 에스겔 등)들을 통해 에돔은 하나님의 심판을 피할 수 없는 나라가 되었고, 이스라엘 인접 국가들 중 유일하게 하나님의 긍휼을 약속받지 못했던 나라였습니다.

왜 이렇게 에돔이 하나님의 심판 앞에 있게 되었을까요? 오바댜는 3가지로 말하고 있습니다. 에돔은 먼저 교만하였습니다(3-7절). 그들은 지형적으로 외부의 침입으로부터 안전한 높은 곳에 위치한 요새 성읍을 가지고 있었습니다. 이것이 그들로 자만심에 빠지게 하였으며 결국 그들을 멸망의 길로 가게 하였습니다. 둘째는 자신들의 지혜와 힘만을 의지했습니다(8-9절). 셋째로 형제 나라인 유다 백성이 어려움을 당할 때 기뻐하고 오히려 약탈 했습니다(11-14절). 예루살렘의 멸망 가운데 자기의 욕망과 이익을 챙기기 위해 침략자들과 함께 합니다(11절). 교만과 자만, 세상 욕망으로 인한 길은 하나님 없는 멸망의 길이었습니다. 결국 멸망의 길을 자처한 에돔은 하나님의 심판의 자리에 서게 되었습니다.

하나님의 백성인 성도는 항상 말씀을 묵상하며 성령의 인도하심과 충만함으로 교만, 자만, 욕심으로 넘어지지 않도록 깨어 있어야 합니다.

"내가 이르노니 너희는 성령을 따라 행하라 그리하면 육체의 욕심을 이루지 아니하리라"(갈 5:16)

2. 하나님의 심판 가운데서도 하나님 나라의 소망을 선포했습니다

오바댜는 사실 죄악의 에돔뿐만 아니라 온 세계 만국이 하나님의 심판 앞에 있음을 선포합니다. 그 심판을 피해 갈 나라는 없습니다. 왜냐하면 세상 사람들은 자신들의 소망을 물질과 힘과 권력에 의지한 채 이 세상에 두고 있기 때문입니다. 죄악 된 세상 가운데는 참된 소망이 없습니다. 오직 하나님의 심판만이 남아 있을 뿐입니다. 그러한 가운데 하나님께서는 한 줄기 산 소망을 보여 주고 있습니다. 바로 여호와 하나님께 속할 나라에 대한 소망입니다. 유다 나라의 수도 예루살렘이 재앙의 날을 맞아 파괴되고 어려움을 겪고 있지만, 언젠가 하나님이 야곱을 통해 세우셨던 나라가 회복 된다는 소망을 선포하였습니다(17-21절).

오바댜는 하나님의 심판과 함께 하나님 나라의 소망을 품고 살아갈 것을 선포했습니다. 죄악 된 세상은 하나님의 심판을 두려워 하지만, 믿음의 사람들은 심판을 두려워하지 말아야 합니다. 왜냐하면, 심판자이신 하나님을 섬기며 살아가는 사람들이기 때문입니다. 우리는 심판의 두려움으로 살아가기보다 하나님 나라의 소망을 품고 하나님 나라의 삶을 살아가야 합니다.

"소망 중에 즐거워하며 환난 중에 참으며 기도에 항상 힘쓰며"(롬 12:12)

3. 심판의 날에 하나님이 통치할 나라가 세워질 것을 선포했습니다

오바댜는 하나님께서 만국을 심판하실 날을 선포하지만, 영광스런 하나님 나라를 통치하시는 하나님을 바라보라고 합니다. 하나님 나라를 다스리고 통치하실 뿐만 아니라 구원 받은 자들이 함께 다스린다고 합니다(21절). 이 얼마나 영광스런 모습입니까! 오바댜는 온 세상이 하나님께 속한 나라가 되는 날을 고대하고 예언합니다. 주님이 오시는 날이 그날입니다. 하나님의 통치하심에 함께 하는 것은 하나님 백성들의 특권입니다. 하나님 나라 백성들은 심판의 자리에 있는 것이 아니라 하나님의 통치하심에 동참하게 됩니다.

세상에는 아직 복음을 모르는 많은 사람들이 있습니다. 하나님은 세상에 있는 모든 사람들이 심판의 자리가 아닌 하나님 나라 백성이 되기를 바라십니다. 예수님을 통해 하나님의 백성이 되어 하나님 나라의 삶을 살기를 바라십니다. 그리스도인들의 사명은 심판의 자리에 서 있는 사람들을 하나님의 백성이 되도록 하나님 나라의 복음을 선포하는 것입니다.

"하나님은 모든 사람이 구원을 받으며 진리를 아는 데에 이르기를 원하시느니라"(딤전 2:4)

말씀 실천하기
- 관계 회복이 필요한 사람을 위해 기도해야 할 사람은 누구입니까?
- 하나님의 심판과 하나님 나라의 복음을 들어야 할 사람은 누구입니까?

합심 기도하기
- 관계 회복이 필요한 사람을 위해 사랑과 용서하는 마음으로 다가가게 하옵소서.
- 오바댜와 예수님처럼 하나님 나라의 복음을 전하는 사람 되게 하옵소서.

27 하나님의 파수꾼 에스겔

■ 본문 말씀
겔 3:16-17
겔 37:1-7

■ 이룰 목표

- 하나님 나라를 지키는 파수꾼의 사명을 안다.
- 복음을 선포하는 파수꾼의 사명을 감당한다.

■ 본문 살피기

- 하나님은 에스겔을 이스라엘 족속의 무엇으로 세웠습니까?(3장17절)
- 파수꾼으로 어떤 역할을 하라고 하셨습니까?(3장17절)
- 하나님은 에스겔에게 골짜기 가운데 무엇을 보여주셨습니까?(37장1절)

소그룹예배 인도 순서

사도신경	다 같이
찬 송	351장(통 389)
기 도	회원 중
본문 말씀	겔 3:16-17, 37:1-7
새길 말씀	겔 3:17
헌금 찬송	505장(통 268)
헌금 기도	회원 중
주기도문	다 같이

말씀 나누기

성경에서 신비로운 책 중에 하나가 바로 에스겔서입니다. 환상과 상징, 계시가 많이 나오기 때문입니다. 신약에 요한 계시록이 있다면, 구약에는 다니엘과 에스겔서에 많은 계시가 나와 있으며, 요한계시록과도 밀접한 연관이 있습니다.

에스겔의 이름의 뜻은 '하나님께서 강하게 하신다' 라는 뜻이며, 제사장 출신으로서 하나님의 부르심을 받게 되었습니다. 그의 사역 기간은 대략 17년(주전 593-570)

이 됩니다. 에스겔은 크게 죄에 대한 심판과 경고(1-32장)를, 그리고 이스라엘의 위로와 구원의 예언(33-48장)으로 나누어 하나님의 말씀을 선포하였습니다. 에스겔은 예레미야와 같이 하나님에 대한 신실하지 못한 유다에 임한 심판과 장래의 회복을 선포하였습니다. 에스겔은 유다(나라) 말기에 바벨론이 예루살렘을 정복한 뒤 수많은 유대인들과 함께 바벨론으로 끌려갔던 사람 중 한 사람이었습니다. 죄악으로 만연된 유다에 대한 심판과 민족의 회복을 선포한 에스겔에 대하여 살펴보도록 하겠습니다.

1. 민족의 파수꾼으로 부르셨습니다

바벨론의 느브갓네살 왕은 유다 왕이 된지 석 달도 되지 않은 여호야김과 1만여 명의 기술자들을 바벨론으로 끌고 갑니다. 그렇게 5년이 지났을 때, 젊은 제사장 에스겔은 하나님의 선지자, 민족의 파수꾼으로 부름을 받습니다(3:17). 구약시대 파수꾼의 임무는 도시나 농장을 야간에 지키거나 적군의 침략을 경계하며, 수상한 자는 왕께 보고하는 것이었습니다. 하나님께서는 에스겔을 이런 민족의 파수꾼으로서 부르셔서 하나님의 심판을 선포하도록 하셨습니다. 그의 사명은 그 시대의 사람들을 축복하는 것이 아니라 이사야, 미가, 예레미야에 이어 또 다시 유다에 하나님의 심판을 선포하는 것이었습니다. 심판을 선포함으로써 백성들을 깨우치는 것이 파수꾼의 사명이었습니다. 파수꾼의 선포는 그들이 하나님의 심판이 아닌 생명을 보존하며 구원하라는 경고의 메시지였습니다. 하나님은 이 사명이 너무도 중요해서 이 일이 하나님 자신을 대신해서 하는 일임을 분명히 하셨습니다(17절).

동일하게 그리스도인에게도 하나님의 부르심은 주어졌습니다. 그 사명은 더 많은 사람들을 깨우쳐 하나님 나라 백성이 되게 하는 것입니다.

이 사명은 그리스도인들이 감당해야 할 몫입니다. 이 사명을 생각하며 감당해야 할 역할들을 잘 할 수 있도록 하나님께 지혜와 용기를 구해야 합니다.

> "인자야 내가 너를 이스라엘 족속의 파수꾼으로 세웠으니 너는 내 입의 말을 듣고 나를 대신하여 그들을 깨우치라"(겔 3:17)

2. 파수꾼으로서 듣든지 아니 듣든지 하나님의 말씀을 선포하였습니다

에스겔에게 주어진 임무는 민족의 파수꾼으로 하나님을 대신해 사람들을 깨우치는 것이었지만, 그것은 쉽지 않은 일이었습니다. 그렇지 않아도 포로민이라는 절망적 상황에 놓인 동포들에게 그들의 죄악을 다시 들추어내는 일은 쉬운 일이 아니었고, 두렵기까지 한 일이었습니다. 특히, 악인들에게까지 선포하며 깨우치라고 합니다(18-19절). 그들은 패역한 백성이었고, 하나님을 배반하여 범죄 하였습니다. 얼굴이 뻔뻔하고 마음이 굳은 사람들이었습니다(겔 2:3-5). 그럼에도 하나님께서는 그들에게 하나님의 말씀을 선포하라 하셨습니다. 그들이 듣든지 아니 듣든지 선포하라고 하십니다(겔 2:7).

파수꾼의 사명은 나팔을 부는 것이었습니다. 많은 사람들이 더 많이 듣고 심판과 위험을 피하라는 것입니다. 하나님은 에스겔에게 그들이 듣든지 아니 듣든지 계속 말하여 들을 사람이 듣게 하라고 하십니다(겔 3:11, 27). 이것이 파수꾼의 사명입니다. 그리스도인들도 하나님의 파수꾼으로서 사람들이 듣든지 아니 듣든지 주의 복음을 선포해야 합니다. 들어야 할 사람이 따로 있고 듣지 말아야 할 사람이 따로 있는 것이 아니라 모든 사람들이 주의 복음을 들어야 하는 것입니다. 이것이 파수꾼의 역할입니다. 매일 주의 복음을 사람들이 들을 수 있도록 하여 더 많은 사람들이 주의 백성으로 생명의 길을 걸어가도록 이끌어 가야 합니다.

"그러나 내가 너와 말할 때에 네 입을 열리니 너는 그들에게 이르기를 주 여호와의 말씀이 이러하시다 하라 들을 자는 들을 것이요 듣기 싫은 자는 듣지 아니하리니 그들은 반역하는 족속임이니라"(겔 3:27)

3. 파수꾼으로서 회복과 소망의 메시지로 하나님의 백성을 격려하였습니다
파수꾼은 사람들이 살 수 있도록 나팔을 불어 알리는 것입니다. 위험을 알려 생명을 구하라는 것입니다. 에스겔도 하나님의 심판뿐만 아니라 회복과 소망을 선포합니다. 에스겔서 중 가장 많이 인용되는 구절이 바로 마른 뼈들이 살아나는 환상입니다(37:1-10). 백성들은 신앙의 중심이던 예루살렘의 멸망으로 낙담하였고, 좌절하였습니다. 재건의 어려움만큼이나 신앙의 회복도 어려웠습니다. 그들은 아직도 포로 상태로 매여 있었기 때문에 마른 뼈같이 그 어떤 소망도 가질 수 없었습니다. 모든 것이 어두운 절망의 상태에 빠져 있는 상황 속에서 에스겔은 불가능을 가능케 하시는 하나님의 능력을 보게 됩니다. 마른 뼈들이 변해서 큰 군대를 이룬 이 환상을 통해 하나님의 백성들에게 회복과 소망의 소식을 전했습니다.
사람들은 자신의 삶에 대해 좌절과 절망을 말합니다. 교회에서도 소망이 없는 마음으로 사역하기도 합니다. 그러나 에스겔은 절망 가운데 있더라도 마른 뼈를 살아나게 하는 전능하신 하나님, 이루시는 하나님, 회복과 소망을 주시는 하나님을 보라고 말씀합니다. 하나님 나라 백성인 우리는 오직 능력의 하나님을 바라보며 회복과 소망을 선포하며 나가야 합니다.

"내가 또 내 영을 너희 속에 두어 너희가 살아나게 하고 내가 또 너희를 너희 고국 땅에 두리니 나 여호와가 이 일을 말하고 이룬 줄을 너희가 알리라 여호와의 말씀이니라"(겔 37:14)

말씀 실천하기
- 파수꾼처럼 듣든지 아니 듣든지 복음을 선포해야 할 사람은 누구입니까?
- 충고나 위로, 격려를 해야 할 사람에게 어떤 말씀을 전하겠습니까?

합심 기도하기
- 그리스도인들이 나라의 파수꾼이 되게 하옵소서.
- 사람들이 복음을 들을 수 있도록 파수꾼의 사명을 감당하게 하옵소서.

28 뜻을 가지고 기도한 지도자 다니엘

■ 본문 말씀

단 1:8-9
단 6:1-10

■ 이룰 목표

- 하나님 앞에 뜻을 정하고 살아가는 인생이 된다.
- 기도가 삶의 최우선 순위가 된다.

■ 본문 살피기

- 다니엘은 하나님 앞에 어떤 뜻을 정했습니까?(1장8절)
- 총리들과 고관들이 왕에게 어떤 금령을 법률로 정하도록 하였습니까?(6장7절)
- 다니엘은 금령을 범하는 어떤 일을 하였습니까?(6장10절)

소그룹예배 인도 순서

사도신경	다 같이
찬　　송	449장(통 377)
기　　도	회원 중
본문 말씀	단 1:8-9, 6:1-10
새길 말씀	단 6:10
헌금 찬송	364장(통 482)
헌금 기도	회원 중
주기도문	다 같이

말씀 나누기

구약의 계시록은 다니엘서입니다. 1장에서는 다니엘이 포로가 되어 간 이야기, 2-6장은 역사적 사실에 대한 내용 그리고 7-12장에서는 묵시 문학적 양식으로 예언과 종말론적 내용으로 이루어져 있습니다.

다니엘서의 중심인물인 다니엘은 유다 왕족으로 느부갓네살의 1차 침공(주전 606) 때 바벨론에 포로로 잡혀갔습니다. 투철한 신앙심과 함께 하나님이 주신 뛰어난 지혜로 바벨론과 바사에서 큰 신뢰를 받았으며 정치적으로도 성공하였습니다. 특히 하나님을 향한 절대 주권과 이방 신들에 대한 하나님의 우월성을 보여 주어 세상 속에서의 믿음을 보여 준 인물입니다. '하나님은 나의 심판자'라는 이름의 뜻을 가진 다니엘의 신앙을 살펴보며 세상을 이긴 믿음이 무엇인지 살펴보도록 하겠습니다.

1. 하나님 앞에 뜻을 가지고 살았습니다

유다 백성들은 포로로 3차에 걸쳐 바벨론으로 끌려갔습니다. 그 첫 번째에 왕족과 귀족들이 끌려갈 때 다니엘도 잡혀갔습니다. 그들을 포로로 데려간 이유는 전쟁의 전리품으로 승리를 자축하고 칭송을 받기 위해서였습니다. 또한 볼모로 잡아 남아 있는 자들이 충성할 수 있도록 하고 인재를 등용하기 위함이었습니다. 그러나 포로들의 충성을 위해서 포로들을 철저히 바벨론 중심의 언어 종교 문화를 받아들이도록 바벨론화 시켰습니다. 유다 포로들도 예외는 없었으며, 이름까지도 개명하도록 하였습니다. 다니엘도 벨드사살이라는 바벨론식 이름을 갖게 되었습니다.

결국 다니엘에게도 신앙과 세속적 삶에 대한 결단의 시간이 왔습니다. 세상의 산해진미를 먹을 것인가 아니면 구별된 음식만을 먹을 것인가에 대한 결단이었습니다. 이것은 단순히 한번 범죄하는 문제를 말하는 것이 아니었습니다. 세상과 타협할 것인가의 문제였습니다. 이때 다니엘은 세상과 타협하여 자신을 더럽히지 않겠다고 결단하며 하나님 앞에 뜻을 정하였습니다. 그리고 하나님은 길을 여시고 은혜를 베푸셨습니다(9절).

이런 타협하는 문제들은 세상에 사는 우리 삶에도 찾아옵니다. 그때 필요한 것이 바로 하나님 앞에 뜻을 정하는 것입니다. 하나님 앞에 결단하지 못하고 타협하며 합리화 한다면 이것은 하나님 앞에 뜻을 정하지 못하였기 때문입니다. 다니엘처럼 하나님 앞에 뜻을 정하여 결단해야 합니다. 그 뜻 가운데 하나님은 은혜와 갈 길을 열어 주십니다.

"다니엘은 뜻을 정하여 왕의 음식과 그가 마시는 포도주로 자기를 더럽히지 아니하리라 하고 자기를 더럽히지 아니하도록 환관장에게 구하니"(단 1:8)

2. 죽음도 감수한 믿음의 사람이었습니다(6장)

바벨론의 시대는 지고, 이제 메대 바사의 시대가 시작되면서 시대는 변하였지만, 80세가 넘는 다니엘은 그의 올바름과 총명함을 여전히 인정받아 다리오 왕의 총리가 되었습니다(2-4절). 숱한 인생의 역경을 살아온 다니엘에게 마지막 때에 시련이 찾아옵니다. 다른 두 총리와 방백들은 왕의 총애를 얻은 다니엘을 시기하고 질투하였습니다. 세상의 야욕과 욕망에 찬 그들은 다니엘에게서 어떤 잘못도 찾지 못하고 결국 다니엘의 굳은 신앙을 이용할 음모를 꾸몄습니다. 왕을 속여 하나님께 기도할 수 없는 법령을 만들어, 다니엘을 사자 굴에 넣어 죽이고자 하였습니다. 총리인 다니엘은 당연히 그 법령을 알았습니다(10절). 그럼에도 하나님께 기도하며 섬기는 일을 멈추지 않았습니다. 죽음을 각오하고 사자 굴에 기꺼이 들어갔습니다.

다니엘은 하나님을 향한 믿음을 위해 죽음도 감수하였습니다. 그는 법령을 알고 죽음에 처할 것을 알았음에도 불구하고 피할 생각을 하지 않습니다. 숨길 생각도 하지 않습니다. 오히려 창을 열고 기도하였습니다(10절). 불이익과 죽음까지도 올 것을 알면서도 하나님의 사람으로서 걸어가야 할 길을 보여 주었고 그 길을 걸어갔습니다. 세상에 살아가는 그리스도인인 우리도 세상에 하나님의 사람임을 나타내며 믿음으로 살아가야 합니다.

"다니엘이 이 조서에 왕의 도장이 찍힌 것을 알고도 자기 집에 돌아가서는 윗방에 올라가 예루살렘으로 향한 창문을 열고 전에 하던 대로 하루 세 번씩 무릎을 꿇고 기도하며 그의 하나님께 감사하였더라"(단 6:10)

3. 죽음도 각오하는 기도의 사람이었습니다

다니엘은 금령이 내렸음에도 창을 열고 예루살렘을 향해 매일 3번씩 기도하는 일을 멈추지 않았습니다. 다니엘은 창을 열고 하나님의 사람인 것을 당당히 나타내었으며 기도하는 것으로 자기 목숨과 바꾸는 결단의 모습을 보여주었습니다. 금령이 실행되는 30일 동안 기도를 멈출 수도 있었습니다. 문을 닫고 할 수도 있었습니다. 다른 장소에서 기도할 수도 있었습니다. 그러나 다니엘은 이 세상 그 어떤 금령의 방해에도 아랑곳하지 않고 기도했습니다. 하나님 앞에 드리는 기도는 자기의 목숨을 해하는 것이라 할지라도 끊을 수 없는 중요한 것이었습니다.

우리는 필요할 때, 힘들 때, 어려움이 있을 때만 기도하고 있지는 않습니까? 이제 기도의 시간을 삶에 최우선 순위에 두고 날마다 기도해야 합니다. 날마다 하나님께 기도하면서 교제할 때, 세상의 그 어떤 것과도 바꿀 수 없는 귀중한 시간이 될 것입니다. 하나님께서 다니엘을 지키시고 보호하듯이, 기도하며 나아가는 성도의 삶 가운데 하나님은 함께 하실 것입니다.

"항상 기뻐하라 쉬지 말고 기도하라 범사에 감사하라 이것이 그리스도 예수 안에서 너희를 향하신 하나님의 뜻이니라"(살전 5:16-18)

말씀 실천하기

- 그리스도인으로서 하나님 앞에 어떤 뜻을 정하고 살아가겠습니까?
- 당당히 기도하는 모습을 보이고, 언제 기도하는 시간을 갖겠습니까?

합심 기도하기

- 하나님 앞에 뜻을 정하고 결단하는 신앙을 갖게 하옵소서.
- 그 어떤 상황 속에서도 그리스도인으로 당당히 살아가게 하옵소서.

29 영적 부흥의 선도자 에스라

■ 본문 말씀
스 7:6-11
스 10:1-5

■ 이룰 목표
- 영적 부흥은 말씀으로부터 시작된다는 사실을 안다.
- 말씀을 통한 회개는 영적 회복과 부흥의 열쇠임을 안다.

■ 본문 살피기
- 에스라는 무엇에 익숙한 사람이었습니까?(6절)
- 에스라에게 임한 하나님의 도우심은 무엇입니까?(6절)
- 에스라는 무엇을 결심하였습니까?(10절)

소그룹예배 인도 순서

사도신경 **다 같이**
찬　　송 **202장**(통 241)
기　　도 **회원 중**
본문 말씀 **스 7:6-11, 10:1-5**
새길 말씀 **스 7:10**
헌금 찬송 **205장**(통 236)
헌금 기도 **회원 중**
주기도문 **다 같이**

말씀 나누기

성경적으로나 역사적으로 영적 부흥이 있었을 때는 하나님이 쓰시는 한 사람으로부터 시작되었음을 알 수 있습니다. 그러한 사람 중 하나가 바로 에스라입니다. 이스라엘 민족 가운데 가장 암흑기였던 그 때, '여호와가 도우신다' 라는 이름의 뜻을 가진 에스라를 세우셨습니다.

에스라서는 성전 재건(1-6장)과 백성들의 영적 부흥(7-10장)으로 나누어져 있습니다. 성전 재건은 포로로 잡혔던 백성들이 다윗의 직계 후손인 스룹바벨의 지도하에 제1차 포로 귀환을 하면서 이루어 지게 됩니다(주전 538년). 그러나 여러 방해로 인해 약 15년간 성전재건이 중단되기도 하지만(4장), 성전 재건은 다시 이루어져 완성됩니다(6장). 이제 제1차 귀환 이후 에스라가 바벨론으로부터 제2차 귀환할 때까지 약 60년의 시간이 지났습니다(7장). 제2차 귀환을 이끌었던 율법학자이며 제사장으로서, 영적 부흥의 길을 이끌었던 에스라에 대해 살펴보도록 하겠습니다.

1. 말씀에 사로잡힌 율법학자 겸 제사장이었습니다

하나님께서는 에스라를 영적 부흥 가운데 세우셨습니다. 왜냐하면 모세의 율법에 익숙한 학자였기 때문입니다(6, 11절). 더 나가 율법을 연구하고 준행하였기 때문입니다(10절). 바사 왕 아닥사스다 조차도 율법에 완전한 학자 겸 제사장으로 에스라를 불렀습니다(12절). 하나님은 바사 왕에게까지 역사하셔서, 귀환하는 에스라가 구하는 모든 것을 왕으로부터 지원 받도록 하였습니다(6, 13-26절).

에스라가 이끄는 포로 귀환은 말씀을 기초로, 말씀을 기준으로, 말씀을 준행하는 영적 부흥운동의 시작이 되었습니다. 하나님께서는 말씀에 준비된 에스라를 부흥운동의 중심에 서게 하셨습니다. 에스라는 모범적인 선생이며 개혁가였습니다. 그는 먼저 자신이 모범적인 삶을 실천했으며, 성경을 연구하여 확실한 지침을 찾는 사람이었습니다. 성도들도 말씀을 묵상하며 말씀을 마음에 두고 살아갈 때, 하나님의 말씀이 심령 속에서 영적 부흥을 일으킬 것입니다.

> "에스라가 여호와의 율법을 연구하여 준행하며 율례와 규례를 이스라엘에게 가르치기로 결심하였었더라"(스 7:10)

2. 가르치는 사역을 통해 영적 부흥을 일으켰습니다

제1차 포로귀환 이후 60년이 지나며 이스라엘 백성들은 영적으로 윤리적으로 매우 해이해져 있었습니다. 에스라는 스룹바벨의 성전 건축에 뒤이어 율법의 회복과 재정비, 이방인들과의 통혼 금지 등 신앙부흥 운동을 주도하였습니다. 여호와의 말씀을 연구하고 율법에 박식한 에스라는 이스라엘 백성에게 하나님의 말씀을 가르치고자 결심합니다(10절). 그 결심을 바사 왕에게도 말하여 백성들을 모으는 일을 시작했습니다(13절). 제2차 포로귀환은 남자만 1773명(8장)이며, 전체 8-9천명으로 추정할 수 있습니다.

백성을 앞에서 이끌며, 가르치는 사역에 헌신함으로 영적으로 침체 되었던 백성들에게 영적부흥의 초석을 마련하고, 후에 금식과 회개의 영적 각성을 일으켰습니다(스 8:21-23, 10:1). 가르치는 사역은 다른 사람을 세워 제자 삼는 사역입니다. 영적부흥은 함께 일어나는 것입니다. 말씀에 사로잡힌 에스라로 시작된 영적부흥은 가르치는 사역으로 다른 사람을 영적으로 깨우며 일으켰습니다. 우리도 믿음의 전수를 위해 가르침으로 다른 사람들을 제자 삼아야 합니다.

"그러므로 너희는 가서 모든 민족을 제자로 삼아 아버지와 아들과 성령의 이름으로 세례를 베풀고 내가 너희에게 분부한 모든 것을 가르쳐 지키게 하라 볼지어다 내가 세상 끝날까지 너희와 항상 함께 있으리라 하시니라" (마 28:19-20)

3. 회개를 통한 영적 부흥의 역사를 보여 주었습니다

이스라엘 백성들은 이방 민족과 교류하며 신앙적으로 도덕적으로 죄악을 저지르고 있었습니다. 이방 여인과의 결혼을 통해 이방문화를 받아들이고, 우상을 숭배하는 일들이 비일비재 하였으며, 율법을 어기고 죄악의 길을 걸어갔습니다(9장). 이런 상황에서 에스라는 민족을 위한 회개의 기도를 합니다(스 9:5-15). 하나님의 전 앞에 엎드려 울며 회개하는 에스라의 모습에 많은 백성들이 함께 동참하여 회개하는 놀라운 역사가 일어납니다(스 10:1). 백성들의 회개 기도는 말로 끝나지 않고 율법대로 행하는 결단과 행동까지 이르게 되었습니다(10장).

말씀에 사로잡힌 에스라의 영적부흥과 회복은 가르침과 회개를 통하여 시작되었습니다. 회개를 통하여 썩어진 곳을 베어 버리고 말씀으로 새롭게 나가는 것입니다. 그리스도인들은 말씀을 통해 믿음의 삶을 배우고 익히며, 회개하여 새롭게 되어 영적회복과 부흥을 이루게 됩니다. 영육이 강건해지도록 기도하며 하나님의 말씀을 늘 가까이 해야 합니다.

"하나님의 말씀은 살아 있고 활력이 있어 좌우에 날선 어떤 검보다도 예리하여 혼과 영과 및 관절과 골수를 찔러 쪼개기까지 하며 또 마음의 생각과 뜻을 판단하나니"(히 4:12)

말씀 실천하기
• 매일 성경 말씀을 읽거나 묵상 합니까?
• 영적회복과 부흥을 위해 회개해야 할 것은 무엇입니까?

합심 기도하기
• 그리스도인들이 말씀을 더 많이 읽고 묵상하고 암송하며 새롭게 하옵소서.
• 그리스도인들이 먼저 회개하여 영적회복, 성장, 부흥이 이루어지게 하옵소서.

30 성전 재건을 이룬 열정의 사역자 학개

■ 본문 말씀
학 1:1-15

■ 이룰 목표
- 하나님 나라 사역은 능력의 하나님이 함께 하심을 안다.
- 세상 중심의 삶에서 신앙 중심의 삶으로 바꾼다.

■ 본문 살피기
- 학개는 여호와의 말씀을 누구와 누구에게 선포했습니까?(1절)
- 백성들은 무엇을 건축할 시기가 이르다고 했습니까?(2절)
- 여호와가 백성들에게 명령하신 것은 무엇입니까?(8절)

소그룹예배 인도 순서

사도신경 **다 같이**
찬   송 **546장**(통 399)
기   도 **회원 중**
본문 말씀 **학 1:1-15**
새길 말씀 **학 1:8**
헌금 찬송 **455장**(통 507)
헌금 기도 **회원 중**
주기도문 **다 같이**

말씀 나누기

학개서는 구약 성경에서 오바댜 다음으로 짧은 책이지만 예루살렘 성전 재건에 관한 중요한 내용을 다루고 있습니다. '축제' 라는 이름의 뜻을 가진 학개는 포로기 이후 가장 먼저 활동한 선지자입니다. 그는 스룹바벨 이후 중단되었던 성전을 재건하는 사역을 독려하였고, 성전 재건을 통해 하나님 중심적 신앙으로 돌아오도록 백성들을 격려하였습니다.

많은 그리스도인들이 세월이 지나면서 주

님을 향한 열정과 신앙이 식어지기도 합니다. 이스라엘 백성도 하나님을 위한 열정을 가지고 성전을 건축하다가 멈추고 말았습니다. 그때 스룹바벨과 백성들을 독려하여 성전을 짓도록 이끄는 데, 결정적 역할을 한 학개에 대해 살펴보도록 하겠습니다.

1. 성전 재건을 막은 것은 불의한 욕심과 불신앙이었음을 경고하였습니다

제1차 포로귀환 때, 스룹바벨과 함께 백성들은 성전 재건 사업을 시작하면서 감격했었습니다(스 3:12). 그러나 성전 재건 사업은 15년간 중단되었습니다. 중단의 시간이 길어지자, 하나님께서는 선지자 학개를 통해 성전 재건을 중단한 백성들을 책망하셨습니다(1장). 주변 국가들의 시기와 방해로 성전 건축을 비롯한 여러 재건 사업이 방해를 받았습니다(스 4:5). 그러나 성전 재건 중단의 진짜 이유는 외부가 아닌 내부적인 문제였습니다. 이스라엘 백성들은 주님을 향한 열정이 식었고 현실에 안주하려는 사고가 팽배했습니다. 성전 재건은 시기상조라고 하며 미루었습니다(2절). 백성들은 정치적 어려움으로 시기상조의 핑계를 대지만, 사실 그들은 벽과 지붕에 각종 장식을 한 화려하고 안락한 저택의 판벽한 집에 거하고 있었습니다(4-6절). 학개는 현실에 안주한 백성들에게 성전 건축을 시작했던 때의 열정과 감격을 다시 회복하기를 독려하였습니다.

세월이 지나면 우리가 가졌던 첫사랑과 열정을 잃어버리기도 합니다. 주님을 향한 열정으로 시작했던 많은 사역들이 이제는 의무감에 어쩔 수 없이 하는 일이 되기도 합니다. 주님이 주신 지혜와 힘으로 해야 할 사역이 내 힘과 능력으로 하다가 지치고 탈진되어 이제는 못하겠다고 말하기도 합니다. 모든 것이 더 편리하고 풍요로운 시대가 되었는데, 오히려 주를 향한 신앙은 정체되기도 합니다. 그러나 하나님께서 선지자의 말씀을 통해 이스라엘 백성을 깨우친 것처럼, 그리스도인들도 선포되는 주님의 말씀에 귀 기울이며 주를 향한 첫사랑과 열정을 회복해야 합니다.

"이 성전이 황폐하였거늘 너희가 이 때에 판벽한 집에 거주하는 것이 옳으냐"(학 1:4)

2. 성전 재건은 여호와 하나님께서 함께 하시는 사역임을 선포하였습니다

스룹바벨과 여호사닥의 아들 대제사장 여호수아와 남은 모든 백성들이 하나님과 여호와의 사자 학개의 말을 듣고 경외할 때, 여호와 하나님께서 그들과 함께 하시겠다고 말씀하셨습니다(12-13절). 불신앙 했던 백성들이 하나님의 사자 학개가 전하는 메시지 앞에 회개하며 돌이켜 하나님을 경외하게 되었습니다. 또한, 하나님이 함께 하시겠다는 말씀은 그들의 마음을 움직였고 성전 재건 사역을 다시 시작하게 되었습니다(14절). 성전 재건이 시작된 이후에도, 하나님께서는 애굽에서 나올 때 함께 한 하나님의 영이 지금도 백성들과 함께 하고 있다고 말씀하시며, 마음을 굳게 하고 두려워하지 말라고 격려하십니다(학 2:4-5). 하나님 자신이 만군의 여호와임을 나타내십니다(학 2:7).

하나님 나라를 위한 사역은 하나님께서 함께 하십니다. 사역 가운데 많은 어려움과 힘든 과정도 있지만, 성도는 함께 하시는 만군의 주이신 하나님을 굳게 믿고 담대히 사역해야 합니다.

"너희가 애굽에서 나올 때에 내가 너희와 언약한 말과 나의 영이 계속하여 너희 가운데에 머물러 있나니 너희는 두려워하지 말지어다"(학 2:5)

3. 성전 재건을 통해 신앙 중심의 삶을 회복하도록 선포하였습니다

성전 재건이 시작된 시기는 1년 중 제일 바쁜 6월 추수기였습니다(15

절). 6월에 모든 추수를 마쳐야 7월의 초막절 절기를 잘 맞이할 수 있기에 가장 분주한 시기였습니다. 그럼에도 불구하고 스룹바벨과 대제사장 여호수아, 남은 모든 백성들이 성전 건축 공사를 재개하였습니다. 선지자 학개의 선포에 회개하고 결단하며 신앙 중심의 모습을 보여준 것이었습니다. 삶의 그 어떤 일보다 하나님께 영광 돌리는 성전 재건을 시작한 것은 그들의 삶의 우선순위가 바뀌었음을 의미합니다.

성전 재건은 단순히 하나님의 성전을 짓는 것을 넘어서 이스라엘 백성들이 하나님 중심의 삶으로 나가도록 한 것입니다. 삶의 우선순위를 신앙 중심의 삶으로 바꾸는 것이었습니다. 세상에 살 때, 자신도 모르는 사이에 삶의 우선순위가 바뀌어 하나님 중심의 삶이 아닌 세상 중심의 삶을 삽니다. 그러나 그리스도인은 지금이라도 회개하고 결단하여 주님의 몸 된 성전이 우리 자신임을 기억하며 신앙 중심의 삶을 살아가야 합니다.

"그런즉 너희는 먼저 그의 나라와 그의 의를 구하라 그리하면 이 모든 것을 너희에게 더하시리라"(마 6:33)

말씀 실천하기
• 주님께서 함께 하심을 알고 쉬지 않고 기도하겠습니까?
• 신앙 중심의 삶을 위해 최우선 순위로 해야 할 일은 무엇입니까?

합심 기도하기
• 주님이 함께 하심을 믿고 담대한 삶을 살게 하옵소서.
• 세상 중심의 삶을 버리고 신앙 중심의 삶을 살게 하옵소서.

이러므로 우리에게 구름 같이 둘러싼 허다한 증인들이 있으니
모든 무거운 것과 얽매이기 쉬운 죄를 벗어 버리고
인내로써 우리 앞에 당한 경주를 하며
믿음의 주요 또 온전하게 하시는 이인 예수를 바라보자
그는 그 앞에 있는 기쁨을 위하여 십자가를 참으사
부끄러움을 개의치 아니하시더니 하나님 보좌 우편에 앉으셨느니라

- 히 12:1, 2

선지자들의 외침 – 신앙편

바이블 루트

PART **6**

31 비전과 회복을 선포한 선지자 스가랴

■ 본문 말씀
슥 4:1-10

■ 이룰 목표

- 세계를 향한 하나님의 비전을 배운다.
- 회복하시는 하나님의 은혜를 배운다.

■ 본문 살피기

- 스가랴가 환상 중에 본 순금 등잔대 곁에 있는 것이 무엇입니까?(3절)
- 스룹바벨이 머릿돌을 내려놓을 때 무리가 뭐라고 외쳤습니까?(7절)
- 사람들이 스룹바벨의 손에 무엇이 있음을 보고 기뻐하게 됩니까?(10절)

소그룹예배 인도 순서

사도신경	다 같이
찬　　송	88장(통 88)
기　　도	회원 중
본문 말씀	슥 4:1-10
새길 말씀	슥 4:6
헌금 찬송	85장(통 85)
헌금 기도	회원 중
주기도문	다 같이

말씀 나누기

스가랴 선지자는 바벨론을 패망시킨 바사 (페르시아)의 다리오 왕 1세 때(주전 521-486년) 활동을 했습니다. 바벨론의 포로에서 놓인 이스라엘 백성들이 스룹바벨의 인도 아래 고국으로 돌아옵니다. 예루살렘으로 돌아온 회중의 숫자는 42,360명입니다 (스 2:64). 거기에 학개와 스가랴도 있었습니다. 그들이 고국으로 돌아오면서 가졌던 가장 큰 꿈은 성전을 재건하고, 하나님을 예배하는 것이었습니다. 하지만 예루살렘에 돌아온 지 16년이 지났지만 꿈에 그리던 성전 재건은 여전히 이루어지지 못하고 있었습니다. 다리오 왕 2년 8월에(슥 1:1, 주전 520년) 여호와의 말씀이 청년 스가랴 선지자에게 임하면서 예언하기 시작합니다. 성전 재건을 통해 예루살렘 회복을 꿈꾸었던 스가랴의 삶을 살펴보겠습니다.

1. 세계와 민족을 가슴에 품고 살았습니다

스가랴서의 전체 내용은 이스라엘에 초점이 맞춰져 있습니다. 그렇다고 스가랴서가 이스라엘만을 위한 책은 아닙니다. 스가랴는 하나님의 열정과 사랑으로 민족과 세계를 가슴에 품고 산 선지자입니다. 우리는 이스라엘이라는 창을 통하여 세계를 내다보고 있는 거룩한 꿈의 사람 스가랴를 만날 수 있습니다. "여호와께서 천하의 왕이 되시리니 그 날에는 여호와께서 홀로 한 분이실 것이요 그의 이름이 홀로 하나이실 것이라"(슥 14:9).

하나님은 자신을 '천하의 왕' 이라고 하셨습니다. 하나님은 이스라엘의 통치자이실 뿐만 아니라 천하의 왕이십니다. 스가랴는 열방 가운데 메시아가 왕이 되어 온 세상을 다스리시는 꿈을 갖고 있었습니다. 한 나라가 아니라 이제는 천하에 있는 각 사람의 마음을 통치하고 다스리시는 메시아, 예수 그리스도의 통치를 꿈꾸며 선포한 선지자입니다.

"서로 이르되 꿈꾸는 자가 오는 도다"(창 37:19)

2. 성전을 위하여 의롭게 순교했습니다

스가랴는 예루살렘 성전이 재건되기를 열망했습니다. 스가랴는 열정을 다해 백성들에게 성전 건축을 촉구하였으며, 이를 위해 동분서주하며 예언 활동을 펼쳤습니다. 그리고 세워진 성전을 수호하고 지키다가 결국 성전에서 순교하였습니다. 성전을 위해 자신의 몸을 기꺼이 드렸습니다. 구약성경에서는 스가랴 선지자의 순교 기록을 구체적으로 찾을 수 없습니다만, 예수님께서 스가랴 선지자의 순교에 대하여 증언하신 기록을 통하여 알 수 있습니다. "그러므로 의인 아벨의 피로부터 성전과 제단 사이에서 너희가 죽인 바라갸의 아들 사가랴의 피까지 땅 위에서 흘린 의로운 피가 다 너희에게 돌아가리라"(마 23:35). 이 구절에서 '사가랴'는 '스가랴'입니다. 스가랴 선지자는 그토록 사모하고 사랑하던 제단 사이에서 주의 말씀과 비전을 선포하다가 장렬하게 순교하였습니다. 하나님의 성전을 위해 자신의 목숨까지 과감히 바칠 수 있었던 의로운 선지자였습니다.

"나는 이제 너희를 위하여 받는 괴로움을 기뻐하고 그리스도의 남은 고난을 그의 몸 된 교회　를 위하여 내 육체에 채우노라"(골 1:24)

3. 성결과 회복을 선포했습니다

스가랴서의 주제는 '회복'입니다. 이를 좀 더 정확하게 얘기하면 '성결'과 '회복'입니다. 이 두 주제는 서로 떨어질 수 없는 밀접한 관계입니다. 하나님은 성결해야 회복시켜 주십니다. 스가랴 14장 20절을 보면, "그 날에는 말방울에 까지 여호와께 성결이라 기록될 것이라"고 했습니다. 하나님은 성결을 원하십니다. 회복되려면 성결해야 합니다.

스가랴서 8장에서는 회복을 중심적으로 다룹니다. "여호와가 이같이 말하노라 내가 시온에 돌아와 예루살렘 가운데 거하리니 예루살렘은 진리의 성읍이라 일컫겠고 만군의 여호와의 산은 성산이라 일컫게 되리라"(3절). 이 말씀은 한마디로 회복되리라는 말씀입니다. 폐허가 되었던 예루살렘이 진리의 성읍이 되는 회복입니다. 우리가 죄를 포기하고 주님 안에서 성결해질 때 비로소 회복이 가능합니다. 이것을 반대로 얘기할 수도 있습니다. 우리가 정말로 회복되었다면 그 결과가 무엇입니까? "주님 보시기에 깨끗하다!" 이것이 진정한 회복입니다.

"이 뜻을 따라 예수 그리스도의 몸을 단번에 드리심으로 말미암아 우리가 거룩함을 얻었노라"(히 10:10)

말씀 실천하기
- 하나님 나라 확장을 위한 거룩한 꿈을 가지고 있습니까?
- 삶의 회복을 위해 당신은 지금 무엇을 실천하고 있습니까?

합심 기도하기
- 내 마음에 하나님의 비전과 열정을 회복시켜 주소서.
- 우리 교회와 가정이 주님의 성결함을 다시 회복되게 하소서.

32 하나님의 공의를 끝까지 신뢰한 말라기

■ 본문 말씀
말 4:1-6

■ 이룰 목표
- 하나님을 진정으로 경외하는 민족의 복을 배운다.
- 새로운 역사를 만들어 가시는 하나님의 손길을 배운다.

■ 본문 살피기
- 주님을 경외하는 자에게 치료의 광선이 비칠 때 외양간의 무엇처럼 뛰게 됩니까?(2절)
- 크고 두려운 날이 이르기 전에 선지자 누구를 보내신다고 했습니까?(5절)
- 자녀들의 마음을 그들의 누구에게로 돌이키게 합니까?(6절)

소그룹예배 인도 순서

사도신경	다 같이
찬 송	369장(통 487)
기 도	회원 중
본문 말씀	말 4:1-6
새길 말씀	말 4:5
헌금 찬송	96장(통 94)
헌금 기도	회원 중
주기도문	다 같이

말씀 나누기

포로로 잡혀있던 바벨론에서 3차에 걸쳐 많은 이스라엘 백성들이 예루살렘으로 돌아오게 됩니다. 에스라와 느헤미야를 중심으로 예루살렘에 돌아온 유대인들이 나름대로 하나님 중심으로 살아가는 사회를 만들었습니다. 성벽을 건축하고, 성전을 재건하고, 유월절을 지키고, 이방 여인들을 추방하는 사회개혁도 시행했습니다. 회개하는 심정으로 온 백성들은 율법을 준수하려는 의지를 갖고 노력했습니다.

느헤미야가 성벽을 완성한지(주전 430년경) 10년 후쯤에 말라기가 등장합니다. 성전을 건축하고 시간이 지나면서 유대인들은 하나님의 사랑을 의심하기 시작했습니다(1:2). 하나님의 공의로운 통치에 회의를 품게 됩니다(2:17). 이에 대해 말라기는 하나님의 공의와 사랑이 실현될 것임을 믿음의 눈으로 바라보며 하나님의 명령과 규례에 충성할 것을 선포합니다. 잡혼과 이혼이 끊이지 않으며, 하나님께 대한 올바른 예배(십일조, 헌물 등)를 소홀히 여기는 백성과 제사장들을 질책합니다. 하나님 통치에 대한 믿음을 끝까지 지키며 하나님 나라를 선포한 말라기 선지자의 사역에 대해 살펴보겠습니다.

1. 온전한 예배의 회복을 위해 헌신했습니다

포로로 잡혀갔던 이스라엘 백성들은 부푼 희망을 안고 고국에 돌아왔습니다. 그들은 하나님 나라의 회복을 꿈꾸며 성전을 재건했습니다. 성전이 재건되고 나면 메시아 왕국이 오리라는 소망을 품었습니다. 솔로몬 성전에 비하면 초라하기 짝이 없는 성전을 바라보며, 그래도 학개나 스가랴, 에스겔 선지자 등에게 임하셨던 회복의 말씀으로 위로를 받았습니다. 더 큰 하나님의 영광이 그들에게 나타나기를 바랐습니다.

하지만 세월이 흘러도 임하리라 생각했던 주님의 큰 영광이 임하지 않게 되자 하나님의 사랑을 의심하기 시작했습니다. 제사장들부터 희생 제물을 드리는데 타락하기 시작했습니다(말 1:8-9). 예배가 무너지면서 이스라엘 백성들은 다시 이방인들과의 결혼과 이혼을 반복하게 됩니다. 십일조와 헌물을 하나님께로부터 도둑질하기 시작했습니다. 이들을 향해 말라기 선지자는 예배를 회복하는 민족이 크게 될 것임을 선포하게 됩니다.

진정으로 우리 가정, 교회, 나라가 복을 받기 원한다면 영과 진리로 드리는 예배를 회복해야 합니다. 교회와 성도 중심의 예배에서 하나님 중심의 교회, 하나님 중심의 예배로 회복되어야 합니다. 예배의 회복이 복을 받는 첫 걸음입니다.

"하나님은 영이시니 예배하는 자가 영과 진리로 예배할지니라"(요 4:24)

2. 끝까지 하나님의 공의를 기다리는 자가 하나님의 특별한 소유가 된다고 선포했습니다

말라기서 3장에는 하나님께 대한 믿음과 정의를 따르려는 자보다 악행하는 자들이 복되고 번성하고 있음을 탄식하는 말라기 시대 사람들의 모습이 기록되어 있습니다.(말 3:14-15) 말라기 시대처럼, 오늘날도 교만한 자가 복되고 악을 행하는 자가 번성하며 하나님을 업신여기는 자가 화를 면하는 것처럼 보입니다.

그러나 말라기 선지자는 분명하게 선포합니다. "여호와를 경외하는 자와 그 이름을 존중히 여기는 자를 위하여 여호와 앞에 있는 기념책에 기록하셨느니라. 만군의 여호와가 이르노라 나는 내가 정한 날에 그들을 나의 특별한 소유로 삼을 것이요 또 사람이 자기를 섬기는 아들을 아낌 같이 내가 그들을 아끼리니 그 때에 너희가 돌아와서 의인과 악인을 분별하고 하나님을 섬기는 자와 섬기지 아니하는 자를 분별하리라"(말 3:16-18).

말라기의 선포처럼, 끝까지 하나님의 공의로움을 따라 믿음의 길을 선택하는 자들은 하나님의 특별한 소유가 되고 아낌을 받는 존재가 되며, 진실로 하나님을 섬기는 자로 여김을 받게 될 것입니다. 여전히 하나님의 공의가 실현되지 않아 상처받은 성도가 있다면, 이러한 말라기 선지자의 메시지를 마음에 새기고 끝까지 하나님의 편에 서서 기다리는 믿음의 사람들이 되어야 합니다.

> "너희는 택하신 족속이요 왕 같은 제사장들이요 거룩한 나라요 그의 소유
> 가 된 백성이니 이는 너희를 어두운 데서 불러내어 그의 기이한 빛에 들어
> 가게 하신 이…"(벧전 2:9)

3. 악인은 심판하고 의인은 회복시키는 하나님의 날이 반드시 온다는 희망을 선포했습니다

말라기는 교만한 자와 악을 행한 자를 심판하고 하나님을 끝까지 경외한 자들을 회복시키는 그날이 반드시 온다고 선포합니다. "만군의 여호와가 이르노라 보라 용광로 불같은 날이 이르리니 교만한 자와 악을 행하는 자는 다 지푸라기 같을 것이라 그 이르는 날에 그들을 살라 그 뿌리와 가지를 남기지 아니할 것이로되 내 이름을 경외하는 너희에게는 공의로운 해가 떠올라서 치료하는 광선을 비추리니 너희가 나가서 외양간에서 나온 송아지같이 뛰리라 또 너희가 악인을 밟을 것이니 그들이 내가 정한 날에 너희 발바닥 밑에 재와 같으리라 만군의 여호와의 말이니라"
(말 4:1-3)

참으로 말라기의 선포처럼, 하나님 앞에서 교만하고 악을 행한 자는 지푸라기처럼 불에 탈 것이며 끝까지 하나님을 경외하여 그의 길을 따른 자들은 치료의 광선으로 회복되어 송아지처럼 뛰는 날이 올 것입니다. 그날이 올 때까지 주님의 백성들은 주님의 말씀을 기억하며 끝까지 자녀로서의 삶을 살아야 합니다. "너희는 내가 호렙에서 온 이스라엘을 위하여 내 종 모세에게 명령한 법 곧 율례와 법도를 기억하라"(말 4:4)

> "그가 또한 엘리야의 심령과 능력으로 주 앞에 먼저 와서 아버지의 마음

을 자식에게 거스르는 자를 의인의 슬기에 돌아오게 하고 주를 위하여 세운 백성을 준비하리라"(눅 1:17)

말씀 실천하기
- 하나님께 대한 진정한 경외심을 가지고 예배를 드리고 있습니까?
- 교회와 세상을 이어주기 위해 복음전도에 최선을 다하고 있습니까?

합심 기도하기
- 내 마음에 진정한 예배의 회복이 이루어지도록 도와주소서.
- 하나님을 경외하여 주님을 기쁘시게 하는 나라가 되게 하소서.

33 주님의 길을 예비한 선지자 세례 요한

- **본문 말씀**
마 3:1-12

- **이룰 목표**
- 사명을 위해 충실하게 한 길을 걸어가는 신앙을 배운다.
- 열매 맺는 신앙의 중요성을 배운다.

- **본문 살피기**
- '회개하라 천국이 가까이 왔느니라' 고 외친 선지자는 누구입니까?(1-2절)
- 죄를 회개하는 사람들을 어디에서 세례를 베풀었습니까?(6절)
- 열매 맺지 아니하는 나무마다 어떻게 됩니까?(10절)

소그룹예배 인도 순서

사도신경	**다 같이**
찬 송	**430장**(통 456)
기 도	**회원 중**
본문 말씀	**마 3:1-12**
새길 말씀	**마 3:10**
헌금 찬송	**325장**(통 359)
헌금 기도	**회원 중**
주기도문	**다 같이**

말씀 나누기

예수님께서 "여자가 낳은 자 중에 요한보다 큰 자가 없도다"(눅 1:17)라고 직접 말씀해 주셨던 한 사람을 소개합니다. 그 사람은 세례 요한입니다. 그는 훌륭한 선지자이며 위대한 예언자였습니다. 인류사의 어떤 인물보다 거룩했던 사람입니다. 세례 요한은 하나님의 아들 예수께서 이 세상에 오실 때 선구자로 미리 와서 주의 길을 예비했습니다. 외로운 광야에서 메시아의 길을 예비하라고 외친 선지자입니다.

그 당시 바리새인과 사두개인, 권력을 가진 헤롯에게까지 회개의 합당한 열매를 맺을 것을 강력하게 외쳤습니다. 오래 살지 못하고 불의와 부정에 항거하다가 일찍 순교를 당했습니다. 하지만 세례 요한의 메시지는 지금도 강력하게 우리의 가슴에 큰 소리로 울리고 있습니다. 지금부터 세례 요한의 거룩하고 열정적인 신앙의 삶을 살펴보겠습니다.

1. 주의 길을 예비한 삶을 살았습니다

왕은 어디서나 혼자 나타나지 않습니다. 반드시 수행원이 따릅니다. 왕의 길을 예비하는 행렬이 먼저 나타나고, 모든 준비가 끝나면 팡파르가 울리는 가운데 왕이 등장합니다. 그러나 인류의 왕이신 예수님이 이 세상에 등장하실 때 아무도 주의를 기울이지 않았습니다. 어느 누구도 그분의 오심을 준비하지 않았습니다. 세인의 눈에 감춰졌고 권력자들에게 회자되지는 않았지만, 예수님의 길을 닦고 준비한 인물이 있습니다. 바로 세례 요한입니다(3절).

세례 요한은 예수님이 세상 죄를 지고 가는 어린 양 되신 메시아임을 전했고(요 1:29), "회개하라 천국이 가까웠느니라"(2절)의 메시지는, 예수님께서 "회개하라 천국이 가까웠느니라"(마 4:17)고 전파하신 메시지에 대한 선구자적 준비였습니다. 요한의 세례는 회개의 세례였고, 예수님의 세례는 성령세례, 불세례였습니다. 세례 요한은 여러 면에서 예수님의 사역을 준비했던 사람입니다.

사람의 가장 큰 행복은 가치 있는 일을 위해서 봉사하는 데 있습니다. 얼마나 오래 살며 얼마나 많은 것을 소유하며 얼마나 많은 사람을 지배하는가에 가치가 있는 것이 아닙니다. 사명을 바로 알고 사명대로 사는 사람이 행복합니다. 이런 의미에서 세례 요한은 짧은 인생을 살았지만 그 생애에 있어서 가장 가치 있는 삶을 살았던 사람입니다.

"외치는 자의 소리여 이르되 너희는 여호와의 길을 예비하라 사막에서 우리 하나님의 대로를 평탄케 하라"(사 40:3)

2. 자기 위치를 분명하게 알았던 사람입니다

세례 요한은 예수님의 탄생과 삶을 가까이에서 봐 왔습니다. 그분과 거의 비슷한 시기에 살았고, 초기에 백성들에게 예수님 보다 더 많은 존경과 인기를 누렸던 사람이지만, 예수님께 대한 신앙고백과 태도가 분명했습니다. "나는 그의 신을 들기도 감당하지 못하겠노라"(11절). "그는 흥하여야 하겠고 나는 쇠하여야 하리라"(요 3:30). 이것이 세례 요한이 예수님에 대해 가진 태도입니다. 자기의 삶과 죽음을 송두리째 맡기고도 기뻐하고 감사하던 세례 요한의 모습 속에서 진정으로 주님을 섬기는 자의 모습을 발견하게 됩니다. 세례 요한은 자신의 위치와 사역이 무엇인지를 정확하게 깨달았습니다. 그는 사역의 월권도 없었고, 사역의 포기도 없었습니다. 자기의 위치와 사역을 정확하게 파악하고 그 일을 감당하기는 참으로 어렵습니다. 예수님을 위해 자신은 지나가는 '소리'에 불과하다고 자기 사역의 본질을 분명하게 말했습니다.

"이르되 나는 이사야 선지자의 말과 같이 주의 길을 곧게 하라고 광야에서 외치는 자의 소리로라 하니라"(요 1:23)

3. 회개의 합당한 열매를 맺어야함을 전파했습니다

세례 요한의 메시지는 분명했습니다. "그러므로 회개에 합당한 열매를 맺고"(8절). 그렇습니다. 본질이 바뀌어야지 껍질은 아무리 바뀌어도 소용이 없습니다. 옷을 바꾸어 입는다고 해서, 화장을 바꾼다고 해서 그 사람이 바뀌지는 않습니다. 본질이 문제입니다. '회개에 합당한'이란 말은 그 무게와 가치에 상응하는 것이라는 뜻입니다. 즉 회개의 무게와 가치에 상응하는 행동을 하라는 뜻입니다. 이 말을 듣고 있던 사람들이 질문합니다. "그러면 우리가 무엇을 하리이까?"(눅 3:10). 세례 요한은 받을 것만 받고 사기 치지 말라고 권합니다(눅 3:11-13). 이 말씀은 성직자를 비롯한 의사, 공무원, 노동자, 사업가 등 모든 직업에 해당하는 말씀입니다. 놀라운 말씀입니다. 지적으로 죄를 인정하고, 감정적으로 죄에 대해 애통하고, 의지적으로 죄에서 돌이키는 구체적인 행동을 하는 것이 회개에 합당한 일을 행하는 것입니다.

"먼저 다메섹과 예루살렘에 있는 사람과 유대 온 땅과 이방인에게까지 회개하고 하나님께로 돌아와서 회개에 합당한 일을 하라"(행 26:20)

말씀 실천하기
- 주의 길을 예비하는 마음으로 복음을 전하고 있습니까?
- 회개의 합당한 열매를 맺기 위해 기도하고 행동하고 있습니까?

합심 기도하기
- 내 위치를 분명히 알고 섬길 수 있도록 도와주소서.
- 회개의 합당한 열매를 맺을 수 있도록 성령께서 도와주소서.

34 죄인 세리에서 예수님의 제자가 된 마태

■ 본문 말씀
마 9:9-13

■ 이룰 목표
- 마태를 부르신 예수님을 통해 제자의 자격 요건을 배운다.
- 죄인을 부르러 오신 예수님의 마음을 배운다.

■ 본문 살피기
- 예수님께서 세관에 앉은 누구에게 나를 따르라고 하셨나요?(9절)
- 누가 예수님에게 세리와 죄인들과 함께 음식을 먹는다고 비방했나요?(11절)
- 예수님은 의인이 아니라 누구를 부르러 오셨다고 하셨나요?(13절)

소그룹예배 인도 순서

사도신경	다 같이
찬 송	527장(통 317)
기 도	회원 중
본문 말씀	마 9:9-13
새길 말씀	마 9:9
헌금 찬송	369장(통 487)
헌금 기도	회원 중
주기도문	다 같이

말씀 나누기

성경에서는 마태가 어떤 사람인가? 에 대한 인적 사항을 자세히 기록하지 않고 있습니다. 성경은 그가 가버나움에 있었던 세리였으며, 이스라엘 사람들로부터 죄인으로 낙인찍힌 소외계층의 일원이었음을 밝혀 줍니다. 마가복음과 누가복음에서는 마태의 이름이 레위임을 말해주고 있습니다(막 2:14; 눅 5:27).

마태는 어떤 특출한 능력이 있어서가 아니라 사람들로부터 배척과 멸시를 받던 죄인을 부르신 예수님의 사랑으로 제자가 되었습니다. 세관원 출신인 마태는 상당한 자산가였으며, 꼼꼼한 그의 성격이 마태복음을 기록하는 데 큰 역할을 했습니다. 특히 화폐에 대한 빈번한 언급과 회계와 통계에 대한 각별한 관심은 수치에 밝은 그의 직업적 특징을 보여줍니다. 죄인인 세리 마태가 복음을 위해 위대하게 쓰임 받은 모습을 함께 살펴보겠습니다.

1. 마태복음을 기록하는 제자로 쓰임 받았습니다

마태는 예수님의 12제자 중에 특출한 인물은 아니었습니다. 하지만 세관원이라는 직업상 가지고 있었던 꼼꼼한 메모 습관으로 예수님의 가르침을 기록하였고, 그 자료를 바탕으로 마태복음을 기록할 수 있었습니다. 특히 예수님의 산상수훈이나 비유 등 수많은 설교와 교훈들을 기록으로 남겼다는 것은 단순히 기록한 수준을 넘어 성령의 감동으로 깊이 그 내용들을 소화했다는 뜻입니다. 불러주신 것을 단순히 받아 적은 것이 아니라 예수님의 말씀을 깊이 깨닫고 자신의 표현으로 기록한 것입니다.

마태는 구약적 배경을 가지고 예수님의 생애를 기록한 사람입니다. 그래서 사복음서 중에 구약성경을 가장 많이 인용했습니다(93회). 또한 아브라함부터 시작되는 족보를 통해 예수님께서 유대인의 왕으로 오셨음을 선포했습니다(마 1:1). 비록 마태는 사람들에게 죄인으로 미움받는 위치에 있었지만, 진정으로 예수님을 만났고 성령의 감동으로 마태복음 기록하는 위대한 제자로 쓰임 받았습니다.

"모든 성경은 하나님의 감동으로 기록된 것으로 교훈과 책망과 바르게 함과 의로 교육하기에 유익하니 이는 하나님의 사람으로 온전하게 하며... "
(딤후 3:16-17)

2. 예수님께서 부르실 때에 주저하지 않고 따랐습니다

예수님께서 가버나움을 지나가시다가 세관에 앉은 마태를 보시고, "나를 따르라"(9절) 하실 때 주저하지 않고 예수님을 따랐습니다. 어떤 큰 부자였던 관리를 예수님께서 부르셨지만, 그는 재물이 많으므로 근심하고 돌아가 예수님의 제자가 되지 못한 사람과는 아주 대조적입니다(마 19:22). 삭개오 이야기를 보더라도 세리의 자리는 돈을 많이 벌 수 있는 자리였습니다. 하지만 마태는 예수님의 부르심에 그 자리를 버리고 예수님을 따랐습니다.

예수님의 제자가 되기 위해서는 나를 포기해야 합니다. 눈에 보이지는 않지만 하나님 나라를 위한 더 영광스럽고 위대한 것을 위해 눈에 보이는 욕심을 포기해야 합니다. 아무나 주님의 제자가 되는 것이 아닙니다. 주님이 부르실 때에, 지금 기회 있을 때 나를 포기하고 주님을 따라나서는 사람이 제자가 될 수 있습니다.

> "이에 예수께서 제자들에게 이르시되 누구든지 나를 따라오려거든 자기를 부인하고 자기 십자가를 지고 나를 따를 것이니라"(마 16:24)

3. 예수님을 위해 잔치를 베풀었습니다

많은 사람들이 세리 마태를 증오하고 죄인 취급하는 것에 반해, 예수님께서는 마태를 가까이하시고 제자로 부르셨습니다. 그것이 너무도 감사해서 잔치를 베풀었습니다. 거기에는 예수님과 제자들이 있었지만, 마태와 함께 동료였던 다른 세리들도 죄인들도 모였습니다. 그 광경을 본 바리새인들은 예수님이 세리와 죄인들과 함께 식사하는 것을 비판하고 정죄했습니다(11절). 하지만 세상에서 가장 미움받고 천대받던 사람들이 세상에서 가장 위대하신 하나님의 아들과 식사하며 자유롭게 대화하고 있습니다. 얼마나 아름답습니까?

　세상에서 멸시받는 죄인들과 제자들이 예수님을 중심으로 모여서 나눔을 행하는 공동체, 이것이 교회의 모습입니다. 교회는 하나님의 부르심을 입은 사람들이 모인 공동체입니다. 못 배운 사람, 가난한 사람, 부한 사람, 힘 있는 사람, 힘없는 사람, 남녀노소가 모인 곳이 교회입니다. 하지만 예수님을 중심으로 모인 사람들이 사랑 나눔을 실천할 때 진정한 하나님 나라의 공동체를 이루게 됩니다. 예수님을 위한 마태의 섬김과 나눔이 이러한 공동체를 만들고 있습니다.

"주는 것이 받는 것보다 복이 있다 하심을 기억하여야 할지니라"(행 22:35)

말씀 실천하기
- 주님께서 나를 부르실 때에 지체 없이 따라갑니까?
- 예수님 중심으로 나눔과 사랑을 실천하고 있습니까?

합심 기도하기
- 내게 주신 달란트를 주님을 위해 잘 활용할 수 있도록 도와주소서.
- 주님의 이름으로 선행의 나눔을 실천할 수 있도록 도와주소서.

35 하나님 나라 확장을 위해 헌신한 마가

■ 본문 말씀
행 12:5-12

■ 이룰 목표
- 초대교회의 선교 정신을 배운다.
- 초대교회 성도들의 모임과 기도생활을 배운다.

■ 본문 살피기
- 베드로가 옥에 갇혔을 때에 초대교회는 그를 위해 무엇을 합니까?(5절)
- 옥에 갇힌 베드로를 구해서 거리까지 인도한 사람은 누구입니까?(10절)
- 베드로가 옥에 갇혔을 때에 성도들은 어디에서 기도하고 있었습니까?(12절)

소그룹예배 인도 순서

사도신경	다 같이
찬 송	534장(통 324)
기 도	회원 중
본문 말씀	행 12:5-12
새길 말씀	행 12:12
헌금 찬송	570장(통 453)
헌금 기도	회원 중
주기도문	다 같이

말씀 나누기

마가복음을 기록한 마가는 바나바의 생질이며, 베드로의 믿음의 아들입니다. 그는 히브리식 이름으로 '요한'이라 불렸고, 로마식 이름으로 '마가'라고도 불렸습니다. 마가 요한은 마리아의 아들이었고, 젊은 나이였지만 예루살렘에서 그의 집에 상당히 많은 사람들이 모일 수 있는 큰 다락방이 있었으니 부유한 사람이었습니다. 일찍이 예수님께서 예루살렘에 계실 때 그곳에서 자주 모이셨으므로 마가는 어렸을 적에 예수님을 뵈었지만, 나중에 베드로를 통해 예수님의 삶에 대해 자세히 듣고 배우게 됩니다.

바울도 그의 선교 초기(행 13:5)와 후기(딤후 4:11)까지도 마가와 함께 했습니다. 이와 같이 마가 요한은 베드로와 바울과 함께 초대교회를 이루고, 또 이방에 복음을 전하는데 큰 역할을 했습니다. 마가 요한은 바울과 베드로가 순교한 이후에도 쓰임 받다가 마가복음까지 기록합니다. 그럼 마가의 거룩한 믿음의 삶을 살펴보겠습니다.

1. 예수님의 삶의 행적을 가장 많이 기록하고 전했습니다

마가 요한이 마가복음을 기록할 당시 로마 교회의 성도들은 박해와 순교가 가장 심할 때였습니다. A.D. 64년 로마의 대 화재는 로마의 14개 행정 구역 중 10개 구역이 화재의 피해를 입었으며 3개 구역은 완전히 소실되었습니다. 네로 황제는 이 화재를 일으킨 장본인이지만, 기독교인들에게 누명을 씌워버렸습니다. 억울한 누명과 핍박 속에 있는 성도들을 향해 마가는 예수의 고난의 삶을 전하면서 인내로 승리할 것을 권면했습니다.

마가복음은 고통받는 그리스도인과 함께 하시기 위해 인성을 가지고 이 땅에 오신 예수님을 증거하고 있습니다. 예수님께서 이 땅에 오신 목적은 "섬김을 받기 위해서가 아니라 섬겨 주고 도리어 자기 목숨을 많은 사람의 대속물로 주기 위해"(막 10:45) 오셨음을 증거하고 있습니다. 마가복음은 다른 복음서와 달리 예수님의 말씀보다 그의 행동을 강조합니다. 이론의 정확성보다는 박해와 순교의 현장에 있는 성도들에게 강력한 확신을 주기 위해서입니다.

"오히려 자기를 비워 종의 형체를 가지사 사람들과 같이 되셨고"(빌 2:7)

2. 최초로 파송된 선교의 동역자였습니다

마가 요한은 바울의 1차전도 여행에서 바나바와 바울의 동역자로 선교를 동행하게 됩니다(행 13:13). 건강 문제로 끝까지 그들과 머물지 못하게 되는데, 바울은 2차전도 여행에 마가를 데리고 가는 일에 반대하게 됩니다. 결국 마가는 바나바와 함께 구브로로 전도 여행을 떠납니다(행 15:38-40). 그러나 거의 12년이 지난 뒤에 마가는 다시 바울과 함께 복음 사역을 했고(골 4:10; 빌몬 1:24), 바울이 순교당하기 직전에 바울의 요청으로 함께 있었으며, 바울의 위로가 되고 끝까지 복음 사역을 함께 했습니다(딤후 4:11).

마가 요한은 1차 전도여행 때 선교의 실패도 맛보았지만, 실수를 이기고 다시 새 생활을 시작하여 끝까지 복음을 위해 헌신한 청년의 삶을 보여 줍니다. 그리스도인의 삶은 시작도 중요하지만 항상 끝이 좋아야 합니다. 세상의 관점에서 보면 복음 전하는 일은 어리석게 보였지만, 마가는 하나님 나라의 확장을 위해 기꺼이 헌신한 사람입니다.

"이에 금식하며 기도하고 두 사람에게 안수하여 보내니라"(행 13:3)

3. 자신의 집을 초대교회 예배 장소로 제공했습니다

베드로가 잡혀서 옥에 갇혔을 때에 성도들이 마가의 집에 모여서 기도하고 있습니다(12절). 예수님 시대에도, 예수님께서 승천하시고 약 120여 명의 성도들이 모여 기도하다가 성령의 충만함을 받은 장소도(행 1:13, 2:1-3) 마가의 다락방이었습니다. 박해가 가장 심각했던 시대에 자신의 집을 기도와 예배의 처소로 제공하는 일은 결코 쉽지 않습니다. 그런데 마가의 집은 항상 그리스도인들에게 열린 예배 처소였습니다.

빌립보 교회의 시작도 여인 루디아가 자신의 집을 제공하면서 이방 선교의 기초를 놓을 수 있었습니다. 하나님의 복음은 이렇듯 자신의 위험과 손해를 감수하더라도 헌신하는 사람들에 의해 전파되어 왔습니다. 죽음의 공포와 위험 속에서도 초대교회가 부흥할 수 있었던 큰 원동력은 마가의 집에서 고난당한 지체를 위해 기도하고, 서로를 격려하던 예배가 있었기 때문에 가능했습니다. 마가는 성경에 많이 기록되거나 화려하게 등장하는 인물은 아니지만, 보이지 않는 곳에서 복음을 위해 크게 헌신한 그리스도인이었습니다.

"그와 그 집이 다 세례를 받고 우리에게 청하여 이르되 만일 나를 주 믿는 자로 알거든 내 집에 들어와 유하라 하고 강권하여 머물게 하니라"(행 16:15)

말씀 실천하기
• 당신은 복음을 전하기 위해 멸시받는 것도 두려워하지 않고 있습니까?
• 주님을 위한 헌신을 드리고 있습니까?

합심 기도하기
• 예수님의 삶을 닮아 갈 수 있도록 도와주소서.
• 어떤 환경에도 굴하지 않고, 복음을 전하할 수 있도록 도와주소서.

36 주님에게 가장 많은 사랑을 받은 제자 요한

■ 본문 말씀
요 13:21-29

■ 이룰 목표
- 사도 요한을 통해 그리스도의 사랑을 배운다.
- 사도 요한을 통해 그리스도의 재림 신앙을 배운다.

■ 본문 살피기
- 예수께서 심령이 괴로워 증언하신 말씀은 무엇입니까?(21절)
- 예수의 제자 중 하나 곧 누가 예수의 품에 의지하여 누워 있었습니까?(23절)
- 예수께서 누구에게 떡 한 조각을 적셔다 주었습니까?(26절)

소그룹예배 인도 순서

사도신경	다 같이
찬 송	390장(통 444)
기 도	회원 중
본문 말씀	요 13:21-29
새길 말씀	요 13:23
헌금 찬송	435장(통 492)
헌금 기도	회원 중
주기도문	다 같이

말씀 나누기

사도 요한은 갈릴리 어부 출신입니다. 그는 세베대의 아들이며, 야고보의 형제였습니다. 어부 출신으로 그렇게 유식한 사람은 아니었지만 학자 못지않게 지적인 통찰력과 깊은 영성을 가지고 있었습니다. 공관복음(마태, 마가, 누가)은 거의 같은 내용들을 기록한 데 비해 사도 요한이 기록한 요한복음은 90%가 이 세 복음서에 없는 내용입니다.

사도 요한은 예수님의 사랑을 가장 많이 받았던 사람입니다. 예수님의 품에 의지하여 누워있었고, 예수님의 사랑하시는 제자라고까지 표현했습니다(23절). 오순절 성령 충만함을 받는 사건 이후에 베드로와 더불어 초대교회의 중심인물이 됩니다(갈 2:9). 도미시안 황제 때 밧모 섬으로 유배를 당했지만, 거기에서 요한계시록을 기록하게 됩니다. 도미시안 황제 사후에 에베소로 돌아와서 예수님의 어머니 마리아를 끝까지 모시고 살게 됩니다. 사랑의 사도라 불리는 요한의 삶을 살펴보겠습니다.

1. 예수님에게 가장 많은 사랑을 받았고, 그 사랑을 실천한 사람입니다

사도 요한의 다른 이름은 '보아너게'(우뢰의 아들)입니다(막 3:17). 우레는 비가 오는 날 무섭게 내리치는 천둥과 번개를 의미합니다. 하지만 이렇게 무서움과는 달리 사도 요한의 별명은 사랑의 사도입니다. 요한복음과 요한일서, 요한이서, 요한삼서를 보면 사랑이 이라는 말이 얼마나 깊이 강조되고 있는지 그 사랑을 배우게 됩니다. 세속적이고 정욕적인 사랑이 아니라 예수 그리스도를 통한 거룩하고 존엄한 사랑을 느끼게 됩니다.

예수님의 품에 의지해서(23절), 예수님과 대화를 나눌 만큼 사랑을 받았던 요한은 그 사랑을 자신도 실천하는 삶을 살게 됩니다. 요한일서를 보면 초대 교회의 많은 사람들에게 자신이 예수님의 사랑을 몸소 받았던 경험을 통해 실제적 사랑을 증언하고 있습니다. 또한 요한계시록을 통해서는 다시 오실 주님을 기다리는 애틋한 신앙의 사랑을 보게 됩니다. 사도 요한은 예수님에 대한 가슴 저려오는 사랑을 느끼게 해줍니다. 시험과 고난이 있어도 예수님의 가슴 저린 사랑을 느끼는 사람은 행복한 사람입니다.

"새 계명을 너희에게 주노니 서로 사랑하라 내가 너희를 사랑한 것같이 너

희도 서로 사랑하 라"(요 13:34)

2. 초대교회에 기둥같이 쓰임 받는 인물이 되었습니다

오순절 날 성령의 충만함을 받은 사도 요한은 베드로와 함께 초대교회의 중요한 인물이 됩니다. 나면서부터 걷지 못하는 장애인을 오직 "예수 그리스도의 이름으로 일어나 걸으라"(행 3:6)고 명하여 병자를 고친 사도행전 첫 번째 사건부터 요한이 등장하게 됩니다. 초대교회의 기적과 표적이 일어날 때마다 그 중심에 사도 요한이 있었습니다.

또한 영지주의라는 이단이 초대 예루살렘 교회를 위협하고 성도들을 미혹하고 있을 때 요한일서, 요한이서, 요한삼서를 통해 이단들에게 미혹 당하지 않도록 그리스도에 대해 말씀으로 가르치고 있습니다. 정치적인 핍박과 고난을 통하여 성도들의 믿음이 흔들리고, 잘못된 내세관으로 교회가 흔들릴 때, 요한계시록을 통해 성도들에게 참 소망과 올바른 내세관을 심어 주었습니다. 순교의 환경과 밧모섬에 유배되는 위험 속에서도 하나님은 요한을 살려주셨고, 사도 요한은 여러 부분에서 교회와 성도들을 위해 헌신하면서 초대교회 성도들에게 큰 스승이 되었습니다. 요한처럼 사명을 깨닫고, 사명대로 쓰임 받는 인생이 최고 행복한 인생입니다.

"또 기둥같이 여기는 야고보와 게바와 요한도 내게 주신 은혜를 알므로..."(갈 2:9)

3. 예수님의 제자 중에 제일 많은 성경을 기록했습니다

전승에 의하면 사도 요한은 도미시안 황제 때 펄펄 끓는 가마솥에 던져지게 됩니다. 하지만 하나님의 역사하심 속에서 극적으로 살아나게 되고, 결국은 밧모 섬으로 유배를 가게 됩니다. 노동착취와 고통의 삶의 연속인 밧모에서 오히려 사도 요한은 하나님의 놀라운 환상을 보고 요한계시록을 기록하게 됩니다.

하나님께서 고통 중에도 요한을 살리신 것은 성경을 기록하면서 하나님의 예정하신 때가 있음을 알리려 하신 뜻이 있었습니다. 성령의 감동하심 아래 기록된 성경들은 지금도 이 시대를 살아가는 성도들에게 예수 그리스도와 구원, 진리, 심판주로 다시 오실 주님에 대하여 생생하게 증언해주고 있습니다. 예수님을 가까이하면서 그리스도에 대하여 몸소 체험하고, 사랑을 받았던 요한이기에 그의 말씀들이 더 큰 사랑으로 다가오게 됩니다.

"요한은 하나님의 말씀과 예수 그리스도의 증거 곧 자기가 본 것을 다 증언하였느니라"(계 1:2)

말씀 실천하기
• 당신은 말씀을 통해 예수님의 뜨거운 사랑을 느끼고 있습니까?
• 당신이 속한 공동체에서 기둥 같은 인물로 쓰임 받고 있습니까?

합심 기도하기
• 주님! 외유내강의 모습으로 쓰임 받을 수 있도록 도와주소서.
• 주님의 사랑을 나눠주는 자로 살 수 있도록 도와주소서.

이러므로 우리에게 구름 같이 둘러싼 허다한 증인들이 있으니
모든 무거운 것과 얽매이기 쉬운 죄를 벗어 버리고
인내로써 우리 앞에 당한 경주를 하며
믿음의 주요 또 온전하게 하시는 이인 예수를 바라보자
그는 그 앞에 있는 기쁨을 위하여 십자가를 참으사
부끄러움을 개의치 아니하시더니 하나님 보좌 우편에 앉으셨느니라

- 히 12:1, 2

선지자들의 외침 – 신앙편

바이블 루트

PART **7**

37 제자 중 첫 번째 순교자 야고보

■ 본문 말씀
막 10:35-45

■ 이룰 목표
- 야고보가 예수님께 부름을 받고 변화된 모습을 안다.
- 야고보의 순교를 보면서 영적 각오를 새롭게 한다.

■ 본문 살피기
- 야고보와 요한이 예수님께 구한 것은 무엇입니까?(37절)
- 예수님께 주의 우편과 좌편에 앉게 해 달라고 구한 야고보와 요한에 대하여 제자들은 어떤 반응을 보였습니까?(41절)
- 예수께서 이 땅에 오신 목적이 무엇입니까?(45절)

소그룹예배 인도 순서

사도신경	다 같이
찬 송	287장 (통 205)
기 도	회원 중
본문 말씀	막 10:35-45
새길 말씀	막 10:45
헌금 찬송	488장 (통 539)
헌금 기도	회원 중
주기도문	다 같이

말씀 나누기

성경에는 4명의 야고보가 등장합니다. 첫째는 세베대의 아들 야고보인데 동생 요한과 함께 예수님의 열 두 제자에 속한 인물로서 어부 베드로와 동료입니다(눅 5:10). 둘째는 알패오의 아들 야고보인데(마 10:3) 작은 야고보라고도 불리며 예수님 열 두 제자 중 한 사람이기도 합니다. 셋째는 예수님의 형제로 불리는 야고보인데(갈 1:19) 신약 야고보서의 저자로 알려져 있으나 열 두 제자에는 속하지 않은 인물입니다. 마지막으로 열 두 제자 중인 한 사람인 유다의 아버지 야고보인데(눅 6:16) 그에 대한 기록은 성경에 거의 드러나지 않습니다.

본문의 야고보는 첫 번째로 소개된 세베대의 아들 야고보입니다. 야고보는 큰 배와 일꾼들을 소유한 부유한 가정에서 자랐습니다. 야고보는 어느 날 예수님께서 다른 제자들을 부르셨던 것처럼 "나를 따라오라"라는 부르심이 들려왔을 때 배와 그물을 버려두고 예수님을 쫓아갑니다. 그로부터 그리스도의 제자로서 그의 전 생애를 바침으로 새로운 삶을 살았습니다. 변화된 삶을 통하여 제자 중 첫 번째 순교자가 된 주의 제자 야고보에 대하여 살펴보겠습니다.

1. 욕망을 극복하고 주님의 길을 걸었습니다

마가복음 3장 17절을 보면 야고보의 별명을 "보아너게 곧 우레의 아들"로 기록되어 있습니다. 우레의 아들이란 천둥과 벼락의 아들이라는 뜻으로, 야고보는 화도 잘 내고 무척 급한 성격의 소유자였습니다. 또한 권력에 대한 야망도 매우 컸습니다. 본문을 보면, 야고보는 요한과 함께 예수님께 와서 주님의 보좌 우편과 좌편에 앉게 해 달라고 부탁합니다. 당시의 예수님은 십자가를 눈앞에 두신 매우 괴로운 순간이었습니다. 이 어리석은 요청을 받으신 예수님은 너희는 너희가 구하는 것을 알지 못한다고 하시면서 "내가 마시는 잔을 너희가 마실 수 있느냐"라고 물으십니다(38절). 그들은 예수님의 말씀을 완전히 이해하지 못하고 마실 수 있다고 합니다. 그들의 요구에 대답이 필요 없음을 아신 예수님은 그것은 내 아버지께서 누구를 위하여 예비하셨든지 그들이 얻을 것이라고 말씀하셨습니다(마 20:23). 야고보는 야망이 큰 자로서, 예수님의 사역을 제대로 이해하지 못했지만 그는 예수님의 가르침 속에서 정치적 야망을 포기하고, 예수님 곁에 머물러 있기를 원하고, 보다 더 가깝게 예수님의 교훈을 듣고자 노력을 하게 됩니다. 이러한 야고보의 열심을 예수님은 선한 방향으로 사용해 주셨습니다.

오늘날도 교회 안에는 하나님의 일보다 자신의 욕망 성취를 우선하는 분들이 있습니다. 그러나 야고보가 주님과 함께 오랜 시간 동행하면서 자신의 욕망 대신 하나님의 뜻에 순종하는 것으로 변화된 것처럼, 새로운 피조물로 지음 받게 됩니다. 그 시간이 속히 오도록 사랑과 기도로 후원해야 합니다.

"그런즉 누구든지 그리스도 안에 있으면 새로운 피조물이라 이전 것은 지나갔으니 보라 새것이 되었도다"(고후 5:17)

2. 끝까지 주님과 함께 했습니다

예수님의 부름을 받은 야고보는 베드로와 요한과 함께, 모든 것을 버려두고 예수님을 따릅니다(눅 5:11). 또한 예수님의 제자로 부름을 받은 이후 야고보는 끝까지 예수님과 함께 하는 모습을 보입니다. 야이로의 딸을 살리면서 부활의 위대한 교훈을 베푸실 때(눅 8:49-51), 변화산에서 예수님의 모습이 형용할 수 없는 모습으로 변모하실 때(막 9:2-3), 겟세마네 동산에서 주님이 기도하실 때(막 14:32-36)에도 야고보는 그 자리에 있었습니다. 야고보는 요한과 더불어 뜨거운 사랑으로 하나님의 나라에서 예수님과 가장 가까이 있기를 열망하는 제자로서, 언제나 예수님과 함께 하는 것을 영광으로 생각하고 갈망했습니다. 그리고 오순절 성령의 강림하심으로 성령 충만함을 받고 난 후 야고보의 삶은 완전히 달라졌고 초대교회 위대한 지도자가 됨으로써, 그의 신앙과 인격은 많은 사람들에게 영향력을 주었습니다.

주님의 부름을 받고 믿음의 길을 가는 신자에게도 여러 가지 삶의 고난과 어려움은 따라옵니다. 그러나 야고보가 끝까지 주님과 함께 한 것처럼, 우리가 끝까지 주님과 함께 길을 걸으면 하나님께서 모든 것을 이루십니다.

"다니엘은 뜻을 정하여 왕의 음식과 그가 마시는 포도주로 자기를 더럽히지 아니하리라 하고"(단 1:8)

3. 제자 중 첫 번째 순교자가 되었습니다

야고보는 지중해 영역까지 가서 전도한 것으로 전해졌는데, 참으로 많은 지역을 뛰어다니며 부지런히 예수 그리스도의 복음을 전하는 일에 전심전력했습니다. 사도행전을 보면 "그때에 헤롯 왕이 손을 들어 교회 중에서 몇 사람을 해하려 하여 요한의 형제 야고보를 칼로 죽이니"(행 12:1-2)라고 기록되어 있습니다. 헤롯은 교활한 정치가로서 교회 중 몇 사람을 죽여야만 기독교가 더 이상 세력을 펼치지 못한다고 판단했습니다. 또한 유대인들 중 대다수가 기독교의 전파를 원치 않았기 때문에 자신의 정치적 야망을 위해 야고보를 희생의 제물로 삼았습니다.

결국 야고보는 교회의 지도자로서 교회를 대표하여 잔인하고 처참한 죽음으로 자신의 생애를 마쳤습니다. 야고보는 예수님께서 이 땅에 오셔서 우리를 위해 자신의 목숨을 주신 것을 본받아(45절), 예수님의 열두 사도 중 복음 전도자로서 첫 번째 영광스러운 순교자의 면류관을 쓰게 되었고, 그의 죽음은 선교의 위대한 한 알의 밀알이 되었습니다.

오늘날의 순교는 고난과 어려운 상황에서도 주님의 길을 선택하고 묵묵히 그 길을 따르는 것입니다. 대부분의 믿지 않는 사람이 선택하는 재물우선의 길이 아니라 하나님이 보여주신 사랑, 선, 약자보호, 사람을 우선하는 믿음의 길을 가는 것입니다. 신앙을 따라 사는 삶은 많은 사람을 생명으로 인도하는 길이 됩니다.

"내가 진실로 진실로 너희에게 이르노니 한 알의 밀이 땅에 떨어져 죽지 아니하면 한 알 그대로 있고 죽으면 많은 열매를 맺느니라"(요 12:24)

말씀 실천하기
- 나의 영적 성장을 방해하는 것들을 과감히 포기할 수 있습니까?
- 믿지 않는 가족과 이웃에게 믿음의 선한 영향력을 나타냅니까?

합심 기도하기
- 나의 삶의 환경이 어떠하든지 순교자적 믿음을 소유하게 하소서.
- 변함없는 믿음으로 평생 하나님과 동행하는 삶이 되게 하소서.

38 큰 믿음과 사랑의 소유자 안드레

■ 본문 말씀
요 1:37-42

■ 이룰 목표

- 안드레가 예수님께 부름을 받는 과정을 안다.
- 안드레의 사역을 통해 복음 전도에 힘쓰는 성도가 된다.

■ 본문 살피기

- 요한이 예수님께서 거니심을 보고 한 말은 무엇입니까?(36절)
- 안드레가 자기의 형제 시몬을 찾아 한 말은 무엇입니까?(41절)
- 예수님께서 시몬 베드로에게 하신 말씀은 무엇입니까?(42절)

소그룹예배 인도 순서

사도신경	다 같이
찬 송	369장(통 487)
기 도	회원 중
본문 말씀	요 1:37-42
새길 말씀	요 1:41
헌금 찬송	321장(통 351)
헌금 기도	회원 중
주기도문	다 같이

말씀 나누기

안드레란 말은 '사나이다운', '용감한' 이라는 뜻이 있습니다. 그는 어부로서 세례 요한의 제자가 되었다가 스승인 요한으로부터 예수님의 사역을 듣고 예수님을 따르게 되었습니다(요 1:40-42). 예수의 제자가 된 이후 안드레에 대한 행적은 세 번 등장하는 데, 감람산에서 베드로와 야고보와 요한과 함께 예루살렘 멸망과 종말에 대한 징조를 물을 때(막 13:3-4), 물고기 두 마리와 보리떡 다섯 개를 가지고 온 소년을 예수께

데리고 가 오병이어의 기적을 이룰 때(요 6:8-10), 명절에 예배하러 예루살렘에 온 몇 명의 헬라인이 예수를 만나고자 한다는 소식을 빌립과 함께 예수께 전했을 때(요 12:20-22)입니다. 이를 볼 때 안드레는 성급한 성격의 소유자로 알려진 그의 형제 베드로와 달리 자신을 드러내지 않고 조금은 세밀하게 주님을 섬긴 열 두 제자 중의 한 사람으로 생각할 수 있습니다. 사복음서에 나타난 안드레에 관해 살펴보겠습니다.

1. 항상 하나님 나라를 사모했습니다

안드레는 벳새다에서 태어났습니다(요 1:44). 벳새다는 아름다운 곳이었지만, 많은 이적과 권능을 행하신 예수님을 받아들이지 않았기에 큰 책망을 받은 곳입니다(마 11:21). 안드레는 비록 어부였지만 하나님의 나라를 가슴에 품고 있었던 것으로 보입니다. 그것은 그가 세례 요한의 제자로도 활동했고 세례요한이 예수님에 대해 "보라 하나님의 어린 양이로다"라고 말했을 때 예수님을 따라 간 점에서 찾아 볼 수 있습니다. 그의 가슴에 하나님 나라를 품지 않았다면, 그의 스승인 세례 요한이 예수 그리스도를 보고 "하나님의 어린 양"이라는 의미심장한 말을 했더라도 알아듣지 못했을 것입니다. 그러나 안드레는 신중하게 듣고, 예수님을 따라갔으며 마침내 예수님을 하나님의 아들이시며, 자신을 죄에서 구원할 메시아로 만나게 되었습니다. 안드레는 후에 갈릴리로 돌아가서 본업인 어업에 종사하다가, 예수님께서 "사람을 낚는 어부가 되게 하겠다"라는 말씀에 주저하지 않고 그물을 버리고 즉시 예수님을 따랐습니다(마 4:18-20).

하나님과 그의 나라에 대한 소망을 품은 자는 하나님의 음성을 듣고 응답합니다. 바쁜 직업을 영위하면서도 하나님 나라를 사모했던 안드레처럼 그리고 부르심이 있을 때 주저 없이 주님을 길을 따른 안드레처럼 사는 것이 진정한 신앙인의 모습입니다.

"그들이 곧 그물을 버려두고 예수를 따르니라"(마 4:20)

2. 전도자의 사역을 잘 감당했습니다

안드레는 메시아 예수를 만난 감격과 기쁨을 다른 사람들에게 전해야겠다는 뜨거운 열망에 사로잡히게 됩니다. 그래서 그는 곧장 자기의 형제 시몬 베드로를 찾아가서 "우리가 메시아를 만났다"라고 전합니다. 예수님이 모든 사람들이 기다리던 메시아임을 알고 그분을 쫓았던 안드레는 자신의 형인 베드로에게 먼저 복음을 전한 것입니다. 이것은 그가 예수님에 관해 정확하게 알았다는 것을 보여줍니다. 그래서 안드레는 누구보다도 먼저 가족을 생각하여 예수 그리스도를 시몬 베드로에게 전했습니다.

자신의 친형제 시몬 베드로를 예수 그리스도께로 인도한 것은 결과적으로 매우 위대한 일로, 시몬 베드로가 오순절에 하나님의 새로운 교회를 예루살렘에 세운 중대한 주춧돌이 되었습니다. 안드레는 그 이후에도 요한복음 12장 22절에 보면 빌립과 더불어 예수님을 뵙고자 하는 헬라인 몇 사람을 예수님께 소개함으로써 최초의 이방인들이 예수님 말씀 듣고 변화되는 중요한 사역을 감당했습니다. 안드레는 큰일을 행한 자는 아니었지만, 항상 예수님 곁에서 믿음으로 복음을 전했던 열정적인 복음전도자였습니다.

전도는 말에 있지 않고 만남과 삶에 있습니다. 안드레는 진정한 메시아와의 만남이 있었기 때문에 예수를 메시아로 전할 수 있었습니다. 예수님과의 만남은 간절한 찾음과 들음에 있습니다. 예수님을 간절히 찾고 그분의 뜻에 집중할 때 진정한 만남이 있습니다. 예수님을 만난 성도는 삶으로 주님을 증거 해야 합니다.

"이르되 주 예수를 믿으라 그리하면 너와 네 집이 구원을 받으리라 하고" (행 16:31)

3. 주님의 음성에 집중했습니다

요한복음 6장에는 오병이어의 기적이 기록되어 있습니다. 예수께서는 당시 말씀에 굶주려 따라온 사람들의 육신적 배고픔도 해결해 주시길 원하셨습니다. 그래서 제자 빌립을 시험하시면서 무리의 배를 채울 방도를 찾으라고 명령하셨습니다. "예수께서 눈을 들어 큰 무리가 자기에게로 오는 것을 보시고 빌립에게 이르시되 우리가 어디서 떡을 사서 이 사람들을 먹이겠느냐 하시니 이렇게 말씀하심은 친히 어떻게 하실지를 아시고 빌립을 시험하고자 하심이라"(요 6:5-6). 빌립이 빵을 제공하기 위한 비용적 측면을 계산하고 있을 때(요 6:7), 안드레가 보리떡 다섯 개와 물고기 두 마리를 가진 아이를 찾아 예수께 데려옴으로써 오병이어 기적이 일어나게 됩니다(요 6:8-9).

안드레 역시 "그러나 그것이 이 많은 사람들에게 얼마나 되겠사옵나이까"라는 말을 함으로써 '예수님이 생명의 떡이시기 때문에 무리들의 영육간 배고픔을 해결하실 주'라는 것을 고백하지는 못했습니다. 그러나 우리들은 여기에서 누구보다 예수님의 말씀에 귀를 기우리고 집중했던 안드레의 모습을 찾아볼 수 있습니다. 예수께서는 빌립을 시험하고자 빌립에게 말씀하셨는데, 항상 주님의 말씀에 집중하고 있었던 안드레였기에 오병이어를 가진 아이를 찾아 올 수 있었던 것입니다.

이처럼 주님의 말씀과 뜻에 집중하면, 하나님의 일에 쓰임을 받게 됩니다. 주님의 말씀과 주님께서 기뻐하시는 일에 마음을 쏟았던 안드레는 베드로만큼 관심을 받지는 못했지만, 소아시아, 그리스, 불가리아, 러시아까지 복음을 전했으며 전설에 의하면 그는 주후 69년 그리스 아가야에서

밧줄로 X형 십자가에 묶여서 순교했다고 합니다.

"내가 곧 생명의 떡이니라 너희 조상들은 광야에서 만나를 먹었어도 죽었
거니와 이는 하늘에서 내려오는 떡이니 사람으로 하여금 먹고 죽지 아니하
게 하는 것이니라"(요 6:48-50)

말씀 실천하기
- 하나님이 내게 맡겨 주신 일이 크든지 작든지 소중히 여기고 충성합니까?
- 주님을 믿지 않는 나의 가족과 이웃에게 복음을 전합니까?

합심 기도하기
- 교회 섬김에 있어 남이 알아주지 않는 작은 일에도 기쁨으로 충성하게
  하소서.
- 주님께서 내게 주신 달란트를 하나님 영광을 위해 사용하게 하소서.

39 진실한 제자 나다나엘

■ 본문 말씀
요 1:47-51

■ 이룰 목표

- 나다나엘이 예수님의 제자로 부름을 받는 과정을 안다.
- 바른 신앙고백으로 예수님의 진실한 제자로 인생을 산다.

■ 본문 살피기

- 예수님께서 나다나엘이 오는 것을 보시고 무엇이라고 말씀하셨습니까?(47절)
- 예수님은 나다나엘이 어디에 있을 때 보았습니까?(48절)
- 나다나엘은 예수님을 향하여 어떻게 말했습니까?(49절)

소그룹예배 인도 순서

사도신경	다 같이
찬 송	333장(통 381)
기 도	회원 중
본문 말씀	요 1:47-51
새길 말씀	요 1:49
헌금 찬송	288장(통 204)
헌금 기도	회원 중
주기도문	다 같이

말씀 나누기

나다나엘은 예수님의 12제자 중 한 사람으로서 '바돌로매' 라는 별칭을 가지고 있습니다. 요한복음에는 '나다나엘' 로 나오고, 공관복음 즉 마태, 마가, 누가복음에서는 '바돌로매' 라고 불립니다(마 10:2-3). '바돌로매' 는 '돌로매의 아들' 이라는 뜻입니다. '바' 는 히브리말로 '아들' 이라는 뜻입니다.

바돌로매, 즉 나다나엘은 빌립의 전도를 통해 예수님의 제자가 됩니다. 빌립의 전도에 나다나엘은 처음에는 "나사렛에서 무슨 메시아가 나겠느냐"며 심한 편견을 가지고 대수롭지 않게 여겼지만, 빌립이 "와보라!"고 강권함으로써 예수님을 만나게 되었고 또한 예수님의 제자가 됩니다. 나다나엘이 예수님을 만나고 어떻게 진실한 제자로 인정받는지 살펴보겠습니다.

1. 예수님을 만나고 놀랍게 변화됐습니다

톰 해리슨의 저서 가운데 '나도 긍정, 너도 긍정'(I am OK, You are OK)이라는 책이 있는데, 그 책에서는 '사람이 타고난 본성을 바꾸기가 참 어렵다'고 말합니다. 그런데 톰 해리슨은 이 책에서 몇 가지 이유가 있으면 사람이 달라지는 것이 가능하다고 하면서, '유레카 스테이지'(eureka stage)에서 사람이 바꾸어진다고 했습니다. '유레카'(Eureka)는 헬라어로 '찾았다', '깨달았다'라는 뜻인데 새로운 진리를 발견했을 때나 엄청난 깨달음이 있을 때 사람들이 변화하게 된다는 것입니다. 즉, 내가 새로운 진리를 발견했을 때나 새로운 세계를 발견했을 때, "유레카" "아! 이것이다" 감격하며, 사람이 새롭게 태어나고 인생의 변화가 일어난다는 것입니다.

본문의 나다나엘이 바로 그런 경험을 했습니다. 빌립이 나다나엘을 찾아와 "모세가 율법에 기록하였고 여러 선지자가 기록한 그이"(요 1:45)로 나사렛 예수를 소개했을 때까지만 해도 나다나엘은 "나사렛에서 무슨 선한 것이 날 수 있느냐"(요 1:46)고 응답함으로써 자신의 이해와 경험의 틀 속에 갇혀있는 모습을 드러냅니다. 그러나 결국 자신을 꿰뚫어 보시는 예수님과 만나는 그 순간 나다나엘은 그의 인생에 놀라운 변화가 일어납니다. 자신이 무화과나무 아래 있을 때를 보았다는 예수님의 말씀을 들었을 때(48절), 나다나엘은 예수님의 크신 능력을 깨달았고 그의 인생이 온전히 변화되어 예수님의 제자가 됐습니다.

성도들은 누구나 나다나엘처럼, 인간의 경험과 한계를 넘어서서 역사하시는 하나님과의 만남을 경험한 사람들입니다. 주님과의 만남을 통해 예수님의 제자가 된 나다나엘처럼, 하나님의 자녀로 변화된 은혜를 기억하며 이 땅에서 하나님의 자녀답게 삶을 살아야겠습니다.

"그런즉 누구든지 그리스도 안에 있으면 새로운 피조물이라 이전 것은 지나갔으니 보라 새 것이 되었도다"(고후 5:17)

2. 간사한 것이 없는 진실한 제자입니다

나다나엘은 예수님을 만나기 전까지는 심한 편견을 가지고 있었습니다. 그러한 나다나엘을 예수님은 보시자마자 "보라 이는 참으로 이스라엘 사람이라 그 속에 간사한 것이 없도다"(47절)고 말씀하십니다. 예수님이 말씀하신 '간사'라는 말은 물고기를 낚을 때 사용하는 미끼를 뜻하는 말입니다. 사람들은 자기의 목적을 위하여 약삭빠르게 온갖 옳지 않은 수단과 방법을 사용합니다. 그것이 간사한 것입니다. 그런데 예수님은 나다나엘에게는 이런 간사함이 없다고 하셨습니다. 아주 진실한 사람이라는 것입니다. 이것은 엄청난 칭찬입니다. 나다나엘은 예수님을 '나사렛' 출신이라고 무시했지만, 예수님은 그 나다나엘을 오히려 칭찬하십니다. 성경에서 나다나엘에 대한 기록이 본문 외에는 없지만, 나다나엘은 예수님을 만난 후 좋은 영향력이 있는 삶을 살았던 주님의 진실한 제자입니다. 그리스도인들은 나다나엘처럼 간사함이 없는 진실한 사람이 되어야 합니다. 믿음도, 삶도 진실해야 합니다. 겉과 속이 다르고 말과 행동이 다르면 그것은 참 그리스도인의 모습이 아닙니다.

"마음에 간사함이 없고 여호와께 정죄를 당하지 아니하는 자는 복이 있도다"

(시 32:2)

3. 자신의 신앙을 고백할 줄 알았습니다

나다나엘은 빌립이 찾아와서 "와서 보라"고 강권하기에 예수님께로 갑니다. 그리고 예수님의 말씀을 듣는 순간 그의 눈을 가로막고 있던 부정적인 선입견들이 사라집니다. 그리고 "랍비여 당신은 하나님의 아들이시요 당신은 이스라엘의 임금이로소이다"(49절)고 고백했습니다. 나다나엘의 이 고백이야말로 마음에서 우러나오는 진실한 고백이었기 때문에 예수님께서 참으로 기뻐하셨습니다. 예수님께서는 이 고백을 들으시고 "내가 너를 무화과나무 아래에서 보았다 하므로 믿느냐 이보다 더 큰일을 보리라"(50절)고 하셨습니다. 그 '큰일'이 다름 아닌 예수님의 십자가라고 깨달은 나다나엘은 동방 여러 나라에 복음을 전하다가 아르메니아에서 순교했습니다. 나다나엘의 업적이나 명성은 세상에 알려지지 않았지만, 그는 바른 신앙고백으로 변화된 삶을 통하여 하나님 나라의 확장을 위해 목숨을 바친 진실한 제자였습니다.

"네가 만일 네 입으로 예수를 주로 시인하며 또 하나님께서 그를 죽은 자 가운데서 살리신 것을 네 마음에 믿으면 구원을 받으리라"(롬 10:9)

말씀 실천하기
• 주님과 깊은 교제를 할 수 있는 시간을 갖고 있습니까?
• 그리스도를 만난 후 나의 삶은 지속적으로 변화되고 있습니까?

합심 기도하기
• 세상 속에서 그리스도인으로 정직하고 진실한 삶을 살게 하소서.
• 영혼 구원에 불타는 마음으로 불신자들에게 복음을 전하게 하소서.

40 확신의 전도자 빌립

■ **본문 말씀**
요 1:43-46

■ **이룰 목표**
- 빌립이 예수님의 제자가 되는 과정을 안다.
- 빌립처럼 확신 있는 전도자가 되도록 한다.

■ **본문 살피기**
- 예수님은 빌립을 만나 어떤 말씀을 하셨습니까?(43절)
- 빌립의 고향은 어디입니까?(44절)
- 빌립은 나다나엘을 찾아가 누구를 만났다고 말했습니까?(45절)

소그룹예배 인도 순서

사도신경	**다 같이**
찬 송	**387장**(통 440)
기 도	**회원 중**
본문 말씀	**요 1:43-46**
새길 말씀	**요 1:45**
헌금 찬송	**505장**(통 268)
헌금 기도	**회원 중**
주기도문	**다 같이**

말씀 나누기

공관복음에는 빌립의 이름만 제자 명단에 등장하고 행적에 관한 기록은 나타나지 않습니다. 그런데 요한복음은 빌립에 대한 다섯 가지 행적을 기록해 주는데 빌립이 예수님의 부르심을 받는 장면(요 1:43), 부름 받은 빌립이 나다나엘에게 예수 그리스도를 전하는 장면(요 1:45), 오병이어 기적에서 무리들의 굶주림에 대한 방안을 찾으라는 예수님의 질문을 받는 빌립의 모습(요 6:6), 멀리 이방에서 예수님을 찾아온 사람들을 안드레와 함께 예수께로 인도하는 장면(요 12:21-22), 그리고 빌립이 예수님께 아버지를 보여 달라고 요청할 때 예수께서 "빌립아 내가 이렇게 오래 너희와 함께 있으되 네가 나를 알지 못하느냐"(요 14:9)는 장면이 그것입니다.

빌립은 안드레와 베드로와 같이 한 동네 벳새다 사람입니다. 빌립은 헬라식 이름이며, 벳새다는 갈릴리 가버나움 인근에 있는 작은 어촌으로 분봉 왕 헤롯 안디바가 로마를 대신하여 다스리던 지역입니다. 그래서 갈릴리는 유대 지역보다 헬라 문물을 더 빨리 더 많이 받아들인 지역이었고 이방인과 유대인들이 뒤섞여 살고 있었습니다. 오랜 기간에 걸친 헬라 세계의 문화와 문물의 영향으로 이제 유대인들조차 자식의 이름을 헬라식으로 지어 불렀습니다. 사고의 체계도 상당히 헬라화 되었던 가운데서 유대인들의 메시아 대망(待望)은 더욱 간절해졌고, 그때 빌립은 갈릴리 벳새다에서 예수님을 만나 제자로 부름받았습니다. 빌립이 어떻게 확신 있는 전도자가 되었는지 살펴보겠습니다.

1. 메시아의 오심을 갈망하다 제자가 되었습니다

본문에 보면 예수께서 빌립을 찾아가 만나시고 그를 제자로 부르는 장면이 등장합니다(43절). 이것은 세례 요한의 제자였던 안드레가 스승의 추천에 따라 예수님을 따라갔고 거기에서 메시아이신 예수를 만난 후 형제 베드로를 예수께로 인도함으로써 그와 함께 제자가 된 과정(요 1:35-42)과는 다른 모습을 보여줍니다. 즉, 안드레와 베드로는 예수님을 찾아가서 제자가 되었는데 빌립의 경우는 '예수께서 갈릴리로 나가려 하시다가 의도적으로(찾아가서) 빌립을 만나 그를 제자로 부르셨다'는 것입니다. 빌립은 예수님께 발견되었습니다. 예수님이 먼저 빌립을 발견하시고, "나를 따르라"라고 말씀하셨고, 빌립은 그 즉시 예수님을 따르는 제자가 되었습니다.

　빌립이 나다나엘에게 예수님을 "모세가 율법에 기록하였고 여러 선지자
가 기록한 그이"(45절)로 묘사한 것을 보면, 우리는 빌립이 메시아의 오
심을 소망했던 제자였음을 발견할 수 있습니다. 관심이나 준비가 없는 사
람이라면 메시아에 대한 율법 및 선지자의 기록에 대해 알 수도 없기 때
문입니다. 이러한 빌립을 미리 아신 예수께서 찾아가 그를 제자로 부르신
것입니다. 이처럼, 예수님은 오늘날도 하나님 나라의 도래와 확장을 고대
하며 갈망하는 성도들을 부르셔서 그에 합당한 일을 맡기십니다.

> "말씀하시되 나를 따라오라 내가 너희를 사람을 낚는 어부가 되게 하리라
> 하시니"(마 4:19)

2. 직접 예수님을 만나도록 돕는 제자였습니다

　빌립은 예수님이 율법과 예언을 성취할 것을 확신하고 나다나엘을 찾
아가서 복음을 전했습니다(45절). 그렇지만 나다나엘은 적어도 이스라엘
을 로마의 압제에서 해방시켜 줄 메시아는 예루살렘의 어느 왕궁이나 아
니면 높은 고위 관직의 가정에서 출생해야 한다고 생각하고 빌립의 전도
를 거절했습니다. 이런 메시아관은 당시 유대인들의 일반적인 메시아관이
었기에 나다나엘은 예수님이 죄인의 구원을 위해 오신 하나님의 어린 양
이요, 구세주라는 사실에 대해서는 전혀 생각하지 않았습니다. 그때 빌립
은 자신의 언변으로 나다나엘의 불신을 설득하려고 하지 않습니다. 자신
이 예수님과 만남을 가졌을 때 예수께서 메시아 되심을 알게 되었던 것처
럼 나다나엘이 예수님을 직접 만나는 것이 그가 믿음을 갖게 되는 방법
임을 알았기에 "와서 보라"(46절)고 초청합니다. 예수님께 발견되어 그의
위대한 인격과 직접 교제를 가진 빌립은 예수님이 메시아라고 확신하였기

에 담대하게 전했습니다. 그리고 빌립의 확신 있는 전도로 예수님을 만난 나다나엘은 "랍비여 당신은 하나님의 아들이시요 당신은 이스라엘의 임금이로소이다"(요 1:49)라고 신앙을 고백하게 됩니다.

오늘날도 많은 성도들이 예수님을 전합니다. 그러나 가장 좋은 전도는 빌립처럼 성도 자신이 확신을 가지는 것이고 말로서가 아니라 예수님 닮는 삶을 사는 것을 보여 주는 것이며 직접 예수님을 만나도록 돕는 것입니다.

"내가 행한 모든 일을 내게 말한 사람을 와서 보라 이는 그리스도가 아니냐 하니"(요 4:29)

3. 나누는 제자였습니다

빌립은 예수님이 메시아라는 놀라운 사실을 깨닫자 바로 나다나엘을 찾아가서 예수께로 초청합니다. 또한 요한복음 12장 20-22절에 보면, 유월절에 예배하려고 예루살렘에 올라온 헬라인들이 있었습니다. 이들 중에 몇 사람은 유명한 선생님인 예수님의 말씀에 귀를 기울이면 직접 만나기를 원했고, 그들은 빌립을 소개자로 선택했습니다. 그의 이름이 헬라식이었기 때문입니다. 그때 빌립은 안드레에게 그 사실을 이야기했고 그들은 그 헬라 사람들을 대신해서 예수님께 가서 알렸습니다. 빌립은 혼자서 행동하지 않고 사역을 나누는 일에 만족했던 사람입니다. 그러므로 그리스도인들은 구원의 기쁨을 빌립과 같이 지체하지 말고 가족과 친구, 가까운 이웃과 나누는 전도자들이 되어야 합니다. 교회 역사를 보면 빌립은 그 후 소아시아 중심으로 전도하였는데, 라오디게아와 골로새 등에서 전도하였다는 기록이 남아 있습니다. 자주 갈라디아 지방으로 다니며 복음을 전하다가 히에라폴리스라는 도시에서 기독교를 박해하는 무리들에게 잡혀서 몰매를 맞고 십자가에 못 박혀 순교한 빌립은 온 세계에 복음을 나눈 예수님의 제자였습니다.

"너는 말씀을 전파하라 때를 얻든지 못 얻든지 항상 힘쓰라"(딤후 4:2)

말씀 실천하기
- 주님의 말씀의 권위 앞에 내 생각을 맡기며 살고 있습니까?
- 설교 등을 통해 말씀을 받았을 때, 나누는 삶을 살고 있습니까?

합심 기도하기
- 합리적인 생각을 버리고 언제나 내 마음이 영적으로 뜨겁게 하소서.
- 내 주변에 늘 좋은 신앙의 친구들이 있게 하소서.

41 영적 성장을 이룬 도마

■ 본문 말씀
요 20:24-29

■ 이룰 목표
- 의심 많은 도마가 변화되는 모습을 안다.
- 부활하신 주님을 증거하는 삶을 위해 최선을 다한다.

■ 본문 살피기
- 제자들이 주를 보았노라 하였을 때 도마의 반응은 어떠했습니까?(25절)
- 도마의 신앙고백은 무엇입니까?(28절)
- 도마의 신앙고백 후 예수님께서 하신 말씀은 무엇입니까?(29절)

소그룹예배 인도 순서

사도신경 다 같이

찬　　송 526장(통 316)

기　　도 회원 중

본문 말씀 요 20:24-29

새길 말씀 요 20:28

헌금 찬송 459장(통 514)

헌금 기도 회원 중

주기도문 다 같이

말씀 나누기

도마는 갈릴리 출신이며 직업은 어부로서, 성격이 예민한 사람이었습니다. 처음에는 예수님의 부활을 믿지 못했으나, 여드레 후 그를 찾아오신 예수님의 상처를 보고는 부활을 확신하게 됩니다. 도마를 말할 때 항상 '디두모라 불리는 도마'라고 하는데, 둘 다 같은 말입니다. 디두모는 헬라식 이름이고 도마는 히브리식 이름인데 모두 쌍둥이라는 뜻입니다. 도마에 대한 정보는 공관복음이나 사도행전에는 열두 제자들의 명단에 이름만 언급되는 정도이고 요한복음에만 그의 행적이 기록되어 있습니다. 도마는 적대감과 살기 가득한 유대 지역으로 예수님이 나사로의 병을 고치러 다시 올라가자고 하실 때 다른 제자들에게 '주와 함께 죽으러 가자'고 했던 도마(요 11:16), 유월절 절기를 맞이하여 유대로 올라가기 전에 예수께서 제자들의 발을 씻기시고 죽음의 길을 예고하실 때, "주여 주께서 어디로 가시는지 우리가 알지 못하거늘 그 길을 어찌 알겠사옵나이까"라고 대답했던 도마(요 14:5), 주님 사후 안식일 이후 첫날 부활의 주님이 찾아오셨지만 그 자리에 없어서 주님의 부활을 의심한 도마(요 20:24-25), 부활하신 주님을 눈으로 보고서야 "나의 주님이시오 나의 하나님이시니이다"라고 고백한 도마(요 20:26-28)를 만날 수 있습니다. 때로는 죽음을 무릅쓰고 주님을 따르려 했지만 정확하게 예수님의 뜻을 이해하지 못하기도 하며 주님 부활에 대한 의심까지 품었던 도마가 어떻게 믿음이 성숙해졌는지 살펴보겠습니다.

1. 의심했던 자입니다

십자가에서 부활하신 후 예수께서 제자들이 함께 모여 있는 곳을 찾아오셨을 때 도마는 그 곳에 없었습니다. 부활하신 예수께서 제자들에게 보이시고 한동안 말씀을 나누셨지만 그때까지 오지 않은 도마는 부활하신 주님을 만날 수 있는 기회를 놓쳤습니다. "너희에게 평강이 있을지어다"(요 20:19)라는 예수님의 음성도 듣지 못했으며 심지어 '부활하신 주님을 만났다'라는 많은 제자들의 증언까지도 의심했습니다(25절).

도마는 자신이 직접 부활하신 예수를 목격하고 십자가에서 당한 상처를 손으로 만져 보기 전에는 예수의 부활을 믿을 수 없다고 말합니다. 이러한 도마의 모습은 하나님의 역사를 제한된 이성과 경험으로만 판단하고 이해하려는 인간의 모습을 비춰주는 것 같습니다. 오늘날도 많은 사람들이 하나님을 인간의 이성과 경험에 틀에 가두려고 합니다. 하나님은 사람이 이해할 수 있는 범주뿐만 아니라 범주 밖에도 계심을 믿어야 합니다.

"오직 믿음으로 구하고 조금도 의심하지 말라 의심하는 자는 마치 바람에 밀려 요동하는 바다 물결 같으니 이런 사람은 무엇이든지 주께 얻기를 생각하지 말라"(약 1:6-7)

2. 예수님께서 도마를 찾아오셨습니다

예수님은 제자들이 모인 곳에 나타나셨던 날부터 여드레 후에 다시 제자들에게 나타나셨습니다. 그때에는 도마도 제자들과 함께 있었습니다. 예수님께서는 불신하던 도마에게 믿음을 주시기 위하여 친히 그를 찾아오셨습니다. 도마는 예수님이 다시 찾아오셔서 자신을 만나 주셨을 때 자신의 불신앙이 얼마나 어리석은지 알았습니다. 손을 내밀어 만져 보라 하셨지만 그럴 필요가 없었습니다. 확인하지 않아도 만남으로 충분했습니다. 도마는 의심 많은 자였지만 부활하신 예수님을 만남으로 인하여 담대한 믿음을 갖게 됩니다. 신앙은 만남입니다. 사람과 사람과의 신뢰도 만남을 통해 이루어집니다. 도마의 신앙 성장 과정을 보면, 모임에 잘 참석하지 않았던 그가 참석을 합니다. 그리고 예수님의 부활하심이 안 믿어지고 다른 제자들의 말도 무시했던 그는 부활하신 예수님을 만난 후 온전한 신앙고백을 합니다. 오랫동안 교회를 다니고 직분을 맡은 자가 되어도 구주 되신 예수님과의 개인적인 만남을 경험하지 못했다면 담대하게 신앙고백을 할 수 없습니다.

"야곱아 너를 창조하신 여호와께서 지금 말씀하시느니라 이스라엘아 너를 지으신 이가 말씀하시느니라 너는 두려워하지 말라 내가 너를 구속하였고 내가 너를 지명하여 불렀나니 너는 내 것이라"(사 43:1)

3. 신앙고백을 통해 영적성장을 이루었습니다

본문 말씀에 보면 도마를 향해 손을 내미시는 예수님을 발견합니다. "네 손가락을 이리 내밀어 내 손을 보고 네 손을 내밀어 내 옆구리에 넣어 보라 그리하여 믿음 없는 자가 되지 말고 믿는 자가 되라"(27절)고 예수님께서 말씀하시자 도마는 무릎을 꿇고 "나의 주님이시요 나의 하나님이시니이다"(28절)고 고백합니다. 이 고백은 예수를 하나님으로 인정한 것이며, 이전에 있었던 베드로의 고백처럼 분명하고 훌륭한 신앙고백이었습니다. 예수님은 도마에게 부활하신 자신의 모습을 보이심으로써 도마를 부활의 증인으로 삼으셨고 도마에게 복음의 증인이 될 것을 명하셨습니다. 그리고 도마는 부활하신 예수님을 만남으로써 모든 의심이 사라졌고, 진정한 믿음의 사람으로 변화되었습니다. 오순절 성령강림 사건이 있던 날 도마는 성령 충만함을 받고 인도에 가서 복음을 전하다가 반대자들의 창에 찔려 순교합니다. 도마처럼 예수님의 부활과 구주 되심을 믿고 영적으로 성장하여 하나님 나라의 복음을 세상에 전하는 증인의 사명을 감당해야 합니다.

"시몬 베드로가 대답하여 이르되 주는 그리스도시요 살아 계신 하나님의 아들이시니이다"(마 16:16)

말씀 실천하기
- 의심을 가지고 신앙생활하지 않도록 부활하신 주님을 온전히 믿겠습니까?
- 일상생활 속에서 부활의 주님을 증거하기 위한 열정이 있습니까?

합심 기도하기
- 예수님의 부활을 힘 있게 증거하는 전도자가 되게 하소서.
- 영적으로 성장하여 믿음과 확신으로 교회를 섬기게 하소서.

42 주님의 수제자, 선한 청지기 베드로

■ 본문 말씀
벧전 4:7-11

■ 이룰 목표
- 만물의 마지막 때를 분별하고, 힘써야 할 것이 무엇인지를 배운다.
- 선한 청지기의 역할을 충실히 감당하려면 어떻게 해야 하는지 배우고 실천한다.

■ 본문 살피기
- 베드로는 만물의 마지막이 가까이 왔으니 어떻게 하라고 했습니까?(7절)
- 무엇보다도 뜨겁게 해야 할 것은 무엇입니까?(8-9절)
- 선한 청지기가 가장 힘써야 할 것은 무엇입니까?(10-11절)

소그룹예배 인도 순서

사도신경	다 같이
찬　　송	369장(통 487)
기　　도	회원 중
본문 말씀	벧전 4:7-11
새길 말씀	벧전 4:10
헌금 찬송	320장(통 350)
헌금 기도	회원 중
주기도문	다 같이

말씀 나누기

예수님의 수제자 베드로는 성격이 급하고 경솔한 탓에 많은 실수를 저지르고(마 16:22-23), 급기야는 예수님을 세 번씩이나 부인하기까지 했습니다(막 14:53-72). 이러한 모습은 주님을 따른다고 하면서 자만심과 안이함으로 인해 매번 실수하고 넘어지는 우리의 모습과 같습니다. 그러나 예수님은 그런 허물 많은 베드로의 모습까지도 용납하시고, 친히 영적 상태를 회복시켜 위대한 사도로 만드셨습니다(요 21:15-19).

본문 말씀은 이런 베드로의 아픈 체험을 바탕으로 한 권고의 말씀입니다. '선한 목자' 되신 예수님을 본받은 수제자 베드로가 어떻게 '선한 청지기'로 세워졌는지 말씀을 통해 살펴보겠습니다.

1. 주님의 기도를 본받은 수제자였습니다

베드로의 평생 후회스런 한 사건은 예수님을 부인하며 저주한 일입니다(마 26:69-75). 예수께서 예언까지 하시며 경고하셨지만, 오히려 다른 사람은 다 버려도 저는 주를 따르겠다고 호언장담했습니다(마 26:33). 그러나 닭 우는 소리에 정신을 차리고 보니, 눈물밖에 나지 않고 죽고 싶은 마음이었을 것입니다. 이런 베드로의 실패 원인은 겟세마네 동산에서의 기도 실패에 있습니다(마 26:40). 반대로 예수님의 십자가 승리는 '힘쓰고 애써 더욱 간절히' 기도했던 부르짖음이 있었기 때문입니다(눅 22:44). 그래서 베드로는 그때를 기억하며 "정신을 차리고 근신하여 기도하라"고 권고한 것입니다(7절).

기도에 대해 키에르케고르는 '기도할 때 처음에는 말하는 것인 줄로 생각한다. 그러나 점점 더 그윽한 경지에 이르면 결국 기도는 듣는 것임을 깨닫게 된다.'라고 했습니다. 이는 우리의 기도가 얼마나 인본주의적인가를 알 수 있게 합니다. 기도는 내 생각과 뜻을 관철시키고, 내 목적을 이루기 위한 도구가 아닙니다. 예수님처럼 내 뜻과 목적을 포기하는 순교의 과정입니다.

"내가 진실로 진실로 너희에게 이르노니 한 알의 밀알이 땅에 떨어져 죽지 아니하면 한 알 그대로 있고, 죽으면 많은 열매를 맺느니라"(요 12:24)

2. 주님의 사랑을 실천한 수제자였습니다

부활하신 예수께서 갈릴리 호숫가에서 고기 잡는 베드로를 찾아가셨습니다(요 21:15-19). 그리고 "네가 나를 사랑하느냐?"라고 세 번 물으셨습니다. 고백하는 베드로에게 "내 어린 양을 먹이라, 내 양을 치라, 내 양을 먹이라"고 다시 사명을 주셨습니다. 이것은 베드로가 사역의 현장에서 만나는 사람들 중에 배신하고 비판하며 무관심한 사람이 있을 때, '입장을 바꿔 생각해 보며 사랑으로 용서하고 세워주라'는 뜻입니다. 이렇게 베드로는 주님의 크신 사랑으로 다시 수제자, 선한 청지기로 세워졌습니다.

본문에서 베드로는 그 사랑의 두 가지 구체적 실천 방법을 기록했습니다. 첫째는 허다한 죄를 덮어주는 것입니다(8절). 잘못 이해하면 사랑을 죄 사함의 기준으로 오해하게 됩니다. 그러나 이것은 사랑으로 모든 허물을 가리어 주라는 뜻입니다(잠 10:12). 둘째는 대접하는 것입니다(9절). 이왕이면 원망 없이, 억지로, 불만을 품지 말고, 기쁨으로 대접하라는 것입니다. 이것이 교회의 기초이고, 교회를 교회답게 만드는 힘의 원천입니다.

"미움은 다툼을 일으켜도 사랑은 모든 허물을 가리느니라"(잠 10:12)

3. 주님의 뜻대로 성령 충만한 수제자였습니다

베드로전서는 성령 충만함을 받은 베드로가 본도, 갈라디아, 갑바도기아, 아시아 등에 흩어져서 나그네 생활을 하고 있는 신자들을 권면하는 메시지입니다(벧전 1:1). 베드로가 기록한 본문 말씀은 큰 감명을 줍니다. 성령받기 전 예수님을 부인했던 베드로와 마가 다락방에서 성령 충만을 받은 이후의 베드로는 큰 차이를 보이고 있습니다. 성령받기 전 수제자 베드로는 '주는 그리스도시오 살아계신 하나님의 아들' 이라는 위대한 고백도 하고(마 16:16) 고백처럼 살 것 같았지만, 예수님이 잡히시고 자신에게까지 다가오는 두려움을 이기지 못하고, 예수님의 세 번씩이나 부인하는 인간의 한계를 드러냈습니다(마 26:69-75). 그러나 사도행전의 사도 베드로는 성령의 충만함으로 한 번의 설교에 3-5천 명이 회개하는 역사가 나타났습니다(행 3:41, 4:4).

영성학자인 제임스 패커는 '성령이 멈추면 교회는 사라진다' 고 했습니다. 사도행전 교회는 성령의 주권적 역사로 세워졌습니다(행 1:8). 하나님의 일은 인간의 지혜와 실력으로 할 수 있는 것이 아닙니다. 그래서 사도 바울은 복음전파 사역을 감당할 때, 오직 성령의 나타나심과 능력으로 하라고 권면했습니다(고전 2:4-5).

"내 말과 전도함이 설득력 있는 지혜의 말로 하지 아니하고 다만 성령의 나타나심과 능력으로 하여 너희 믿음이 사람의 지혜에 있지 아니하고 다만 하나님의 능력에 있게 하려 하였노라"(고전 2:4-5)

말씀 실천하기
- 예수님처럼 기도하기 위해 구체적으로 어떤 계획을 세우겠습니까?
- 주님의 사랑을 실천하기 위해 무엇부터 시작하겠습니까?

합심 기도하기
- 주님의 심장을 가지고 사랑으로 봉사하게 하소서.
- 오직 성령의 충만함으로 선한 청지기같이 헌신하게 하소서.

이러므로 우리에게 구름 같이 둘러싼 허다한 증인들이 있으니
모든 무거운 것과 얽매이기 쉬운 죄를 벗어 버리고
인내로써 우리 앞에 당한 경주를 하며
믿음의 주요 또 온전하게 하시는 이인 예수를 바라보자
그는 그 앞에 있는 기쁨을 위하여 십자가를 참으사
부끄러움을 개의치 아니하시더니 하나님 보좌 우편에 앉으셨느니라

 - 히 12:1, 2

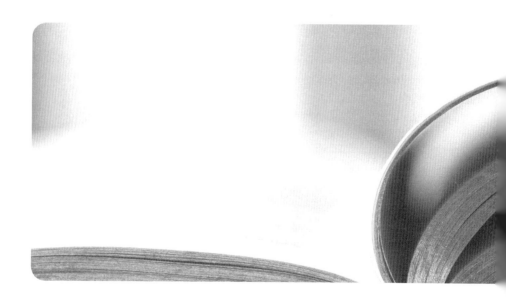

선지자들의 외침 – 신앙편

바이블 루트

PART 8

43 예수님의 행적을 남긴 누가

■ **본문 말씀**
눅 1:1-4,
몬 1:24

■ **이룰 목표**

- 로마의 그리스도인들에게 예수님을 전파하는 누가를 안다.
- 예수님의 행적을 전한 누가처럼 충성과 헌신의 삶을 산다.

■ **본문 살피기**

- 누가복음을 누구에게 보내기 위해 썼다고 했습니까?(3절)
- 누가복음을 저술함에 있어서 어떻게 연구를 했다고 했습니까?(3절)
- 바울은 빌레몬에게 안부를 전하면서 누가를 어떻게
  소개했습니까?(몬 1:24)

소그룹예배 인도 순서

사도신경   **다 같이**

찬   송   **421장**(통 210)

기   도   **회원 중**

본문 말씀 **눅 1:1-4, 몬 1:24**

새길 말씀 **몬 1:24**

헌금 찬송 **292장**(통 415)

헌금 기도 **회원 중**

주기도문   **다 같이**

말씀 나누기

누가는 유대인이 아닌 이방인으로서 '총명하다, 빛나다'란 의미의 뜻을 가진 전도자입니다. 그는 예수님의 제자나 사도들처럼 예수님의 행적을 직접 목격한 사람은 아니었지만(눅 1:1-2) 그리스도인이 된 후로는 완전히 자기를 포기하고 바울과 동행하면서 복음 전파를 위해 협력하며 힘썼습니다. 성경에서 누가라는 이름은 바울서신에서만 세 번 등장하는데 이것을 통해 누가는 바울의 충실한 선교 협력자인 동시에 바울에게 꼭 필요한 인물이었음을 알 수 있습니다(골 4:14; 딤후 4:11; 몬 1:24). 실제로 주후 62년경 로마 감옥에 갇힌 사도바울은 골로새에 있는 교회가 이단 사상의 유입으로 분열되는 위기에 처해 있자 부득불 골로새 교회에 서신을 보낼 때에 누가를 '사랑을 받는 의사'(골 4:14)로 소개하고 있으며, 바울 자신이 로마감옥에 갇혀있을 때에도 함께 했던 인물로 기록하고 있습니다(딤후 4:11).

누가복음과 사도행전의 저자로 알려진 누가가 어떤 인물이고 어떤 사역을 감당했는지 살펴보겠습니다.

1. 헌신적인 청지기입니다

누가는 2차, 3차 선교여행 때 바울과 동행했으며(행 16:10-17, 20:5-15, 21:1-18), 바울이 죄수가 되어 로마로 이송될 때에도(행 27:1) 함께 했던 헌신적인 청지기입니다. 의사였던 누가는 복음을 전파하는 사도 바울을 돕는 것을 사명으로 여기면서 바울의 건강 및 바울이 세운 교회의 양 떼들을 보살피는 동역자로 헌신했습니다. 그는 신약성경 누가복음과 사도행전을 기록했지만, 자신의 이름을 나타내거나 직접적으로 언급한 곳이 없는 것을 볼 때, 참으로 겸손히 자신에게 맡겨진 일에 충실했던 인물임을 알 수 있습니다.

숨은 일꾼으로서 변함없는 마음으로 바울을 도왔던 누가는 주님의 일꾼들이 지녀야 할 성품에 모범을 보여주고 있습니다. 주님을 위한 헌신은 자기를 부인하고 주님만 드러나게 하는 것입니다. 주님의 일을 할 때, 내가 드러나고 있는지 아니면 주님을 드러내고 있는지 점검해야 합니다.

"또한 모든 것을 해로 여김은 내 주 그리스도 예수를 아는 지식이 가장 고상하기 때문이라 내가 그를 위하여 모든 것을 잃어버리고 배설물로 여김은

그리스도를 얻고 그 안에서 발견되려 함이니"(빌 3:8-9)

2. 성령에 사로잡힌 자였습니다

누가는 이방인으로서 그리스도인이 된 데오빌로의 믿음을 견고케 하고, 불신자들의 공격에 올바른 대처를 위해 누가복음을 기록한 것임을 밝힙니다(3-4절). 뿐만 아니라 누가는 개종한 이방인 그리스도인들에게 기독교에 대한 진리를 보다 더 깊이 가르침으로 성숙한 신앙생활을 할 수 있도록 사도행전까지 기록했습니다. 이처럼 누가는 바울과 함께 이방인 구원을 위한 선교사역에 힘쓴 선교사였습니다. 오늘날 교회의 이방인은 불신자들일 것입니다. 누가가 이방인 선교를 위해 자신에게 주어진 달란트를 활용한 것처럼, 우리도 불신자 구원을 위해 하나님이 주신 것들을 활용해야 합니다.

또한 누가가 기록한 누가복음, 특히 사도행전은 다른 복음서에 비해 "성령"이라는 단어를 많이 사용하고 있음을 찾아볼 수 있습니다(눅 4:1, 14, 18, 11:13; 행 2:1-41, 4:8, 31). 이것을 통해 '예수님의 행적과 제자 및 사도들의 사역들이 성령의 임재 가운데 이루어진 것'으로 고백하는 누가의 신앙을 엿볼 수 있습니다.

성령의 임재나 인도하심 없이 행해지는 사역은 하나님 나라가 아닌 인간의 나라를 세우게 됩니다. 그러므로 선교나 사역에 임할 때, 성령의 세밀한 음성과 인도하심에 이끌리도록 하나님 말씀에 귀 기울이는 교회가 되어야 합니다.

"하나님의 나라를 전파하며 주 예수 그리스도에 관한 모든 것을 담대하게 거침없이 가르치더라"(행 28:31)

3. 끝까지 함께 한 동역자였습니다

누가복음 4장 18절에는 예수님의 사역에 관하여 "이는 가난한 자에게 복음을 전하게 하시려고 내게 기름을 부으시고 나를 보내사 포로 된 자에게 자유를, 눈 먼 자에게 다시 보게 함을 전파하며 눌린 자를 자유롭게 하고"로 말씀하고 있습니다. 또한 누가복음 5장 30-32절에는 예수님은 구원사역의 대상에 대하여 "내가 의인을 부르러 온 것이 아니요 죄인을 불러 회개시키러 왔노라"라고 말씀하고 있습니다. 그리고 사도행전에서는 초대교회의 모습에 대하여 "믿는 사람이 다 함께 있어 모든 물건을 서로 통용하고 또 재산과 소유를 팔아 각 사람의 필요를 따라 나눠 주며"(행 2:44-45), "믿는 무리가 한마음과 한 뜻이 되어 모든 물건을 서로 통용하고 자기 재물을 조금이라도 자기 것이라 하는 이가 하나도 없더라"(행 4:32)고 소개하고 있습니다.

위와 같이 누가가 기록한 말씀 속에는 하나님의 뜻이 담겨 있습니다. 약자와 소외계층까지도 구원하기를 원하시는 하나님의 사랑 그리고 함께 나누며 살기를 원하시는 하나님의 마음입니다. 누가는 이러한 하나님의 뜻을 따라 실제로 자신의 삶 속에서 모범을 보였습니다. 그것은 동역자 바울이 병들거나 심지어 투옥되었을 때에도 끝까지 그와 함께 선교사역에 동참한 것입니다.

소외받고 힘이 없거나 곤경에 빠져 있는 사람과 함께 하는 것은 쉬운 일이 아닙니다. 그들과 함께 하는 것이 주님과 함께 하는 것입니다.

"임금이 대답하여 이르시되 내가 진실로 너희에게 이르노니 너희가 여기 내 형제 중에 지극히 작은 자 하나에게 한 것이 곧 내게 한 것이니라 하시고"(마 25:40)

말씀 실천하기

- 한 영혼을 귀하게 여기는 복음 전도자의 삶을 살고 있습니까?
- 주님의 일꾼으로 하나님 나라 확장을 위해 충성하기로 결단하겠습니까?

합심 기도하기

- 날마다 예수님의 행적을 남기게 하소서.
- 예수님을 따르는 제자의 삶을 살게 하소서.

44 주님의 교회를 세운 바나바

■ 본문 말씀
행 11:19-26

■ 이룰 목표
- 주님의 교회를 세우는 3가지 원리를 배운다.
- 수많은 사람들이 믿고 주께 돌아오도록 배우고 실천한다.

■ 본문 살피기
- 헬라인에게까지 주 예수를 전파하게 된 계기는 무엇입니까?(19-20절)
- 무엇이 수많은 사람들이 믿고 주께 돌아오게 했습니까?(21-23절)
- 그리스도인이라 일컬음을 받을 수 있도록 가르친 사람들은 누구입니까?(24-26절)

말씀 나누기

바나바는 구브로(키프로스) 출신으로 그의 히브리식 이름은 요셉입니다. 회심한 바울을 예루살렘에 거하는 제자들에게 알려준 인물이기도 합니다. 스데반 순교사건으로 흩어진 성도들이 안디옥에도 복음을 전하게 되었고 많은 안디옥 사람들이 믿음을 갖게 되었다는 소식에 따라 예루살렘 교회의 파송 받은 바나바는 다소에 있는 바울을 불러 그들을 가르치게 되었는데 이것이 안디옥 교회를 설립하는 시초가 되었습니다.

이처럼 그리스도인들이 예루살렘을 떠나 이방에 복음을 전함으로 세운 첫 개척교회인 안디옥 교회의 설립과정에서 '교회 세움의 3가지 원리'를 배울 수 있습니다. 우리가 세워가야 할 주님의 교회는 어떻게 세워야 하는지를 안디옥 교회와 바나바의 신앙과 삶을 통하여 살펴보겠습니다.

1. 고난 중에 주님의 교회가 세워졌습니다

스데반 집사의 순교사건(행 7:54-60)을 계기로 유대인들은 어떻게 하면 믿는 자들을 잡아 죽일까 혈안이 되어 있었습니다. 많은 제자들은 이러한 박해를 피해 뿔뿔이 흩어지게 되었습니다. 그러나 그 과정에서 빌립은 에디오피아 여왕 간다게의 내시에게 복음을 전하게 되었고(행 8:35), 다른 제자들이 베니게와 구브로, 본문의 안디옥에 이르러서 이방인들(헬라인)에게까지 주 예수의 복음을 전파하게 되었습니다(20절). 그 결과로 안디옥 교회가 세워졌습니다. 이처럼 주님의 교회는 핍박과 환난 가운데 세워졌습니다. 또한 환난을 통하여 '세상 땅 끝까지 이르러 만민에게 복음을 전하라는 예수님의 명령'이 실현되었습니다(막 16:15).

오늘날도 교회와 신자에게 닥친 핍박은 결코 고통으로 종결되지 않습니다. 거기에는 하나님의 깊은 뜻과 계획이 있습니다. 하나님께서는 그 핍박과 고통을 하나님 나라 확장이라는 선한 열매를 맺게 하시고 교회와 성도들을 성장시키십니다.

"고난당한 것이 내게 유익이라 이로 말미암아 내가 주의 율례들을 배우게 되었나이다"(시 119:71)

2. 주님의 교회를 세우는데 하나님의 은혜가 있었습니다

안디옥 교회는 주의 손이 함께하므로 많은 사람들이 주님께 돌아오는 부흥을 이루었습니다(21절). "주의 손이 그들과 함께"라는 것은 하나님의 능력을 나타내는 구약적 표현입니다(출 9:3; 수 4:24; 삼하 3:12; 왕상 8:15; 겔 1:3). 그리고 본서인 사도행전에서도 자주 사용된 표현입니다(행 4:30, 7:25, 13:11). 즉 하나님의 말씀이 선포되고 교회가 성장해 가는 것은 하나님의 능력이 나타나야 수많은 사람들이 믿고 주께 돌아오는 역사가 나타난다는 것입니다. 이것은 이방 선교가 우연히 이루어진 사실이 아니라, '하나님의 의도된 섭리'라는 사실을 강조하는 말씀입니다. 바나바는 이것을 "하나님의 은혜"라고 표현했습니다(23절). 이처럼 이방인들이 개종한 것은 구원의 은혜를 베푸신 하나님의 전적인 은혜였습니다. 복음을 전파한 것은 비록 사람이지만, 열매를 맺게 하신 이는 바로 하나님이십니다(고전 3:7-8). 이것이 진정한 주님의 교회의 모습입니다.

"너희는 그 은혜에 의하여 믿음으로 말미암아 구원을 받았으니 이것은 너희에게서 난 것이 아니요 하나님의 선물이라"(엡 2:8)

3. 주님의 교회는 준비된 사람들에 의해서 세워졌습니다

하나님은 준비된 자를 쓰십니다. 안디옥 교회를 말할 때, 바나바를 빼놓고는 얘기할 수 없습니다. 물론 앞에서 말한 것처럼 모든 것이 하나님의 은혜와 섭리였지만, 하나님은 준비된 사람을 통하여 주님의 교회를 세우십니다. 주님의 교회를 세운 바나바는 첫째로 '착한 사람'이었습니다(24절). 이것은 구제와 선행을 일삼는 자라는 뜻으로(행 4:37, 9:26) 바나바의 됨됨이와 성품을 말합니다. 둘째는 성령과 믿음이 충만한 사람이었습니다(24절). 이것은 확실한 주님의 제자라는 뜻으로 일곱 집사를 세울 때의 기준과도 같은 것을 알 수가 있습니다(행 6:4-5).

이와 같이 바나바는 수직적으로는 하나님과의 바른 관계가, 수평적으로는 사람들에게 진정한 신앙의 모습(칭송, 구제)을 지닌 자였습니다(행 2:47, 10:2). 바나바와 같은 '균형 잡힌 신앙 인격'을 통하여 하나님은 주님의 교회를 세우셨습니다.

또한 바나바는 사람을 세우는 사역자였습니다(25절). 바나바는 다소에 가서 사울을 데려다가 위로하고 격려하며 바울과 함께 교회를 세워갔습니다. 그리고 안디옥 교회 성도들을 잘 가르쳐 그리스도인이라 일컬음을 받게 했습니다(26절). 주님의 교회는 이렇게 바나바와 같은 준비된 사람들에 의해 세워집니다.

"그가 경건하여 온 집안과 더불어 하나님을 경외하며 백성을 많이 구제하고 하나님께 항상 기도하더니"(행 10:2)

말씀 실천하기
• 주님의 교회를 세우기 위해 구체적으로 어떤 계획을 세우겠습니까?
• 한 주간 어떻게 주님의 교회를 위해 고난과 핍박에 동참하겠습니까?

합심 기도하기
• 주님의 교회를 위한 고난과 핍박에도 감사하며 감당하게 하소서.
• 바나바와 같이 주님의 교회 세우는 사람 되게 하소서.

45 신앙과 삶의 모본자 사도 바울

■ 본문 말씀
행 20:17-35

■ 이룰 목표

- 사도 바울의 신앙 인격을 배운다.
- 바울을 통한 하나님의 뜻이 무엇인지 배우고 실천한다.

■ 본문 살피기

- 바울은 밀레도에서 사람을 에베소로 보내어 누구를 청하였습니까?(17절)
- 에베소 교회 장로들에게 한 마지막 부탁은 무엇입니까?(18-32절)
- 범사에 에베소 교회에 모본을 보여준 바가 된 것은 무엇입니까?(33-35절)

소그룹예배 인도 순서

사도신경	다 같이
찬　　송	255장(통 187)
기　　도	회원 중
본문 말씀	행 20:17-35
새길 말씀	행 20:24
헌금 찬송	452장(통 505)
헌금 기도	회원 중
주기도문	다 같이

말씀 나누기

"내가 그리스도를 본받는 자 된 것같이 너희는 나를 본 받으라"(고전 11:1)는 말은 본질상 진노의 자녀인 사람이 함부로 할 수 있는 말이 아닙니다(롬 3:10). 그러나 바울이 이렇게 담대히 고백할 수 있었던 것은 그리스도의 본을 받았고 예수만 바라보았기 때문입니다.

본문 말씀은 예루살렘을 향하던 사도 바울이 밀레도에 이르러 에베소 교회 장로들을 청하여 그들에게 마지막 권면을 하는 장면입니다. 바울은 여기서 지난날 자신이 에베소 교회에서 함께 신앙 생활했던 모습을 회상하며, "범사에 여러분에게 모본을 보여준 바와 같이" (35절) 신앙을 지키고 양떼를 돌보라고 부탁한 것입니다. 여기서 '모본' 이란? '본보기'가 되었다는 것입니다. 그러면 사도 바울이 어떤 본보기를 보였는지 그의 신앙과 삶을 통하여 살펴보겠습니다.

1. 극적인 회심자였습니다

사울(바울)은 다메섹 그리스도인들을 잡아 예루살렘으로 이송하려고 가는 도중에 지금까지 자신이 박해하던 예수의 음성을 듣고(행 9:4-5), 극적인 회심을 하게 됩니다.

사도행전에서 바울의 회심에 대한 기록은 세 번 등장하는데 첫 번째는 사도행전 9장 1절-9절에 기록되어 있고 두 번째는 바울이 아시아에서 온 유대인들의 고발에 의해 예루살렘에서 체포된 이후 자신의 회심과정을 설명하는 기록이며(행 22:1-21), 세 번째는 바울이 아그립바 앞에서 자신이 만난 예수를 설명하는 장면입니다(행 26:1-18). 이러한 기록은 회심이 바울에게 있어서도 상당히 중요한 전환점이 되었음을 보여줍니다.

참으로 주님과의 만남을 통한 회심은 바울의 신앙과 삶의 가치를 180도 바꿔놓았습니다. 예수 그리스도에 대한 전파를 저지하려고 했던 자에서 전하는 자로 변했습니다. 주님을 전파되는 일이라면 어떠한 시험에도 참고 인내하며 겸손히 주를 섬겼으며(행 20:19) 또한 항상 성도들을 섬기는 자세로 살도록 하였고(롬 15:25) 눈물어린 훈계로 사람들을 가르쳐서(31절) 결국, 에베소 교회와 같은 많은 교회를 세우기까지 한 것입니다 (37-38절).

바울처럼 주님과의 만남이 있을 때 변화가 일어납니다. 그리스도인이 된다는 것은 회심이고, 변화입니다. 나의 뜻으로부터 하나님으로, 나로부터 이웃으로, 미움에서 사랑으로의 전환입니다. 그러므로 주님이 보여주신 길을 걷도록 변화되어야 합니다. 바울이 회심하여 열방에 예수님이 전파된 것처럼 각자가 회심하면 곳곳에 하나님 나라가 확장됩니다.

"땅에 엎드러져 들으매 소리가 있어 이르시되 사울아 사울아 네가 어찌하여 나를 박해하느냐 하시거늘 대답하되 주여 누구시니이까 이르시되 나는 네가 박해하는 예수라"(행 9:4-5)

2. 열정적 복음 전파자였습니다

사도 바울은 때와 장소를 가리지 않고 복음전파 사역에 여념이 없었습니다(20절). 이렇게 복음전파 사역에 시종 변함이 없었던 이유는 사람을 기쁘게 하지 않고 오직 인간의 마음을 감찰하시는 하나님만을 기쁘시게 하려고 했던 그의 신앙자세 때문입니다(갈 1:10; 살전 2:4). 본문 21절은 복음 전파의 구체적 내용을 두 가지로 기록하고 있는데, 그 첫 번째가 '회개'의 복음입니다. 이미 본인이 체험한 바와 같이 자신의 죄악 된 행동을 뉘우치고, 죄 자체를 미워하는 '마음의 변화'를 의미합니다. 다음이 '그리스도께 대한 믿음'입니다. 예수 그리스도께서 이루신 대속 사역과 그분이 온 인류의 구원자이심을 믿는 것을 가리킵니다. 회개와 믿음은 복음의 핵심이요, 불가분의 관계입니다.

이러한 복음 전파의 열정은 오직 성령에 사로잡힐 때 가능함을 고백하고 있습니다(22-23절). 우리는 종종 복음을 전파하다가 장애를 만나면 외면하고 피하려 합니다. 그러나 바울은 '결박과 환난'이 기다리고 있다는 사실을 알고도 피하지 않았습니다(23절). 오히려 주변의 성도들의 만류에도 불구하고 생명을 걸고 사명을 감당했던 열정적 복음 전파자가 되었습니다(24절). 바울처럼 하나님의 영으로 충만하면, 삶의 모든 초점이 구원의 기쁜 소식과 하나님의 사랑을 만인에게 전하는 데 맞춰지게 됩니다.

"오직 성령이 너희에게 임하시면 너희가 권능을 받고 예루살렘과 온 유대와 사마리아와 땅 끝까지 이르러 내 증인이 되리라 하시니라"(행 1:8)

3. 영적 분별력을 가진 모본자였습니다

영적 분별력이 있어야 '사나운 이리'에게 미혹되지 않습니다(29절). '사나운 이리'는 거짓된 교리를 가지고 기독교를 부정하면서 믿는 자들을 넘어지게 하는 당시 영지주의자, 유대주의자들과 거짓 선지자들을 가리킵니다(마 7:15). 또한 교회 내부적으로 '어그러진 말'로 자기를 좇게 하려고 복음을 사실대로 해석하지 않고 성도들을 그릇된 길로 인도하는 이단들을 말하는 것입니다(30절). 바울의 예견대로 당시 '니골라당'이라는 이단이 생겨 에베소 교회를 혼란케 했습니다(딤후 1:15, 2:17).

사도 바울은 이러한 적들로부터 교회를 수호하며 승리할 수 있는 영적 분별력을 갖기 위해서는 깨어있으라고 권고합니다(31절). 교회 안팎의 적들을 인지하면서 항상 영적으로 각성해 있어 주의를 기울이라는 것입니다(벧전 4:7). 또한 3년이나 밤낮 쉬지 않고 눈물로 훈계하던 말씀을 기억하라는 것입니다(31-32절). 즉 정신을 차리고 근신하여 기도하며, 말씀의 능력으로 온전한 삶을 살라는 것입니다(딤후 3:16-17).

영적 분별력은 하나님의 말씀인 성경에 근간을 두고 말씀에 따라 삶을 선택하는 능력입니다. 성경은 교훈과 책망과 바르게 함과 의로 교육하여 하나님의 사람들을 온전하도록 인도하기 때문입니다. 성경 말씀이 아니라 사적인 사상을 하나님의 말씀으로 포장하여 따르도록 하는 것이 바로 '사나운 이리'입니다.

"모든 성경은 하나님의 감동으로 된 것으로 교훈과 책망과 바르게 함과 의로 교육하기에 유익하니, 이는 하나님의 사람으로 온전하게 하며 모든 선한 일을 행할 능력을 갖추게 하려 함이라"(딤후 3:16-17)

말씀 실천하기
- 겸손과 눈물과 인내의 삶을 위하여 어떤 결단을 하겠습니까?
- 한 주간 동안 복음 전파의 열정을 갖기 위해 무엇부터 실천하겠습니까?

합심 기도하기
- 오직 성령의 충만으로 복음 전파의 열정을 회복시켜 주소서.
- 기도와 말씀으로 영적 분별력을 갖게 하소서.

46 경건한 젊은 사역자 디모데

■ 본문 말씀
딤후 1:3-14

■ 이룰 목표
– 조상 때부터 섬겨온 순수한 믿음을 간직한다는 것이 무엇인지 배운다.
– 사역의 길에 필연적으로 따르는 고난의 문제를 분명히 배우고 실천한다.

■ 본문 살피기
– 사도 바울은 디모데의 무엇에 대하여 하나님께 감사했습니까?(3-5절)
– 바울은 디모데에게 무엇으로 '복음과 함께 고난을 받으라' 고
  했습니까?(4-8절)
– 바울은 디모데에게 거듭해서 무엇을 지키라고 했습니까?(9-14절)

소그룹예배 인도 순서

사도신경	다 같이
찬　　송	199장(통 234)
기　　도	회원 중
본문 말씀	딤후 1:3-14
새길 말씀	딤후 1:8
헌금 찬송	455장(통 507)
헌금 기도	회원 중
주기도문	다 같이

말씀 나누기

디모데는 1차 선교여행 중 바울과 만나 2차, 3차 선교여행까지 동행하였으며, 바울이 마게도냐로 떠날 때 에베소에 남아 교회 사역을 담당한 인물로 알려져 있습니다(딤전 1:3). 바울은 에베소 교회에 사역하고 있던 디모데에게 두 개의 서신(디모데전, 후서)을 보냈는데 본서는 사도 바울이 복음 전파를 위해 겪었던 지난날의 모습들을 돌아보면서 믿음의 후계자인 디모데에게 마지막 권면의 말씀을 기록한 서신서입

니다. 본서의 도입부에 해당하는 본문은 사역의 현장에서 부딪히는 여러 고난들을 감내할 것을 권고하면서, 세상에서 사탄의 책동으로 말미암아 필연적으로 따르게 되는 고난에 대한 사역자의 바른 자세를 교훈하고 있습니다.

이러한 고난을 이기기 위해 싸워야 할 대상은 혈과 육에 대한 것이 아니라, 어두움의 세상 주관자들과 악의 영들에 대한 영적 싸움이라는 사실을 알아야 합니다(엡 6:12). 사탄의 궁극적인 공격 목표는 단지 육적으로 이 세상에서 고통 받게 하는 것이 아니라, 그 영혼이 실족하여 구원받지 못하도록 하는 것입니다. 그러므로 이 영적 전쟁에서 반드시 승리하려면 어떻게 해야 할 것인지 경건한 젊은 사역자 디모데를 통해 살펴보겠습니다.

1. 진실한 믿음을 간직한 사역자였습니다

예수 그리스도에 대한 진실한(거짓이 없는) 믿음은 삶을 본질적으로 변화시킵니다(딤전 1:5). 심령과 생활에 참된 만족과 기쁨을 주고(롬 15:13), 세상의 빛으로서 역할을 감당하며(엡 5:8), 주님께 영광을 돌리는 삶을 살아가게 합니다. 그러나 믿는다고 하면서도 그 삶에 아무런 변화도 없이 여전히 어두움 가운데 거하는 자들이 있습니다. 이들로 인해 세상으로부터 교회가 비난을 받습니다. 이것은 죽은 믿음, 거짓 믿음입니다(약 2:17). 마지막 때 하나님의 책망이 있을 뿐입니다(마 7:21-23).

사도 바울은 디모데가 가지고 있는 진실한 믿음을 생각하며 하나님께 기뻐하고 감사했습니다(3-4절). 이것은 외조모 로이스와 어머니 유니게의 경건한 신앙을 전수받아 소유하게 된 것입니다(5절). 바울은 디모데를 에베소에 머물게 하므로 어떤 사람이든 다른 교훈을 가르치거나 신화와 족보에 몰두하는 것을 막고자 했습니다. 그 같은 이유는 에베소 교회 성도들이 청결한 마음과 선한양심, 거짓이 없는 믿음에서 나오는 사랑으로 생활하게 하기 위함이었습니다(딤전 1:3-5). 그러나 사람들이 하나님의 말씀과 사랑을 따르기보다 율법의 종이 되거나 허탄한 족보와 신화에 얽매어 참된 믿음을 소유하지 못하는 것이 거짓된 믿음임을 가르쳐 주고 있는 것입니다.

실제로 예수님 당시 유대의 종교 지도자들은 그들의 외식적인 신앙의 모습으로 인해 책망을 받았지만(마 23:13-15), 그 마음에 간사한 것이 없는 나다나엘은 예수님께 인정을 받았습니다(요 1:47). 또한 외식하는 바리새인의 기도는 주께서 외면하셨지만, 진실한 마음으로 회개하며 기도했던 세리의 기도는 들어주셨습니다(눅 18:10-14). 거짓 없는 믿음은 성경에 근거하여 하나님의 교훈과 뜻을 따르는 것입니다.

"예수께서 나다나엘이 자기에게 오는 것을 보시고 그를 가리켜 이르시되 보라 이는 참으로 이스라엘 사람이라 그 속에 간사한 것이 없도다"(요 1:47)

2. 인간적인 많은 연약함에도 승리한 사역자였습니다

디모데는 인간적으로 연약한 부분이 많았던 사역자였습니다. 디모데전서 4장 12절은 디모데의 나이가 교회 사역에는 조금 빠른 나이였음을 알 수 있습니다. 또한 디모데전서 5장 23절은 위장병과 잦은 병에 시달리고 있는 디모데의 모습을 보여줍니다. 바울은 감옥에 투옥되어 있었고, 거짓된 교리와 사상이 교회를 침투하려 하는 상황이었습니다. 이런 난관 속에서도 디모데는 사역을 잘 감당하고 있었음을 알 수 있습니다.

이렇게 디모데가 사역에 충실히 감당할 수 있었던 것은 하나님의 절대적 도우심(8, 14절)과 동역자들의 끊임없는 관심과 애정, 그리고 기도 때문이었습니다(고전 4:17).

여기서 우리가 알아야 할 것은 하나님께서는 인간의 연약함을 사용하여 오히려 하나님의 능력과 영광을 나타내신다는 사실입니다(고전 1:27). 또한 복음 사역을 성공적으로 수행하기 위해서는 서로 기도해 주며 관심과 애정을 쏟을 수 있는 동역자가 반드시 필요하다는 사실입니다(행 2:42; 요삼 1:8). 베드로와 요한이 그랬고, 본문의 바울과 디모데가 그랬습니다.

> "그러나 하나님께서 세상의 미련한 것들을 택하사 지혜 있는 자들을 부끄럽게 하여 하시고 세상의 약한 것들을 택하사 강한 것들을 부끄럽게 하여 하시며"(고전 1:27)

3. 다음세대를 준비시킨 사역자였습니다

바울은 디모데를 영적인 아들로 말하며 믿음으로 양육했습니다(고전 4:17; 딤전 1:2). 자신의 후임으로 에베소 교회를 돌보도록 했으며(딤전 1:3), 권면과 격려의 편지를 보내는 등 디모데의 목회를 위해 힘써 협력했습니다. 이것은 복음 사역에 있어서 자신과 현재의 상황만을 위하여 급급해 할 것이 아니라, 바울이 디모데에게 그랬던 것처럼 다음세대를 양육하며 애정으로 협력해 주는 일이 얼마나 중요한 것인지를 잘 보여주고 있습니다.

돌아보면 한국 교회가 큰 부흥과 성장을 이루었지만, 놓친 부분이 바로 다음세대에 대한 의식이 약했다는 것입니다. 지금이라도 한국 교회 미래를 위해 다음세대를 핵심 가치로 여기고 힘쓴다면, 초대교회의 격변기에 에베소 교회의 목회 사역자로서 교회 조직과 제도 정비 및 성도들의 바른 신앙생활 교육에 힘썼던 경건한 젊은 사역자 디모데처럼 미래 교회를 세워가는 제2의 바울과 디모데가 양성될 것입니다(13-14, 3:14-17).

"그러나 너는 배우고 확신한 일에 거하라 너는 네가 누구에게서 배운 것을 알며 또 어려서부터 성경을 알았나니 성경은 능히 너로 하여금 그리스도 예수 안에 있는 믿음으로 말미암아 구원에 이르는 지혜가 있게 하느니라"(딤후 3:14-15)

말씀 실천하기

- 진실한(거짓이 없는) 믿음을 실천하기 위해 어떤 계획을 세우겠습니까?
- 신앙생활에 필연적으로 따르는 고난(스트레스)을 어떻게 헤쳐 나가겠습니까?

합심 기도하기

- 주님(신앙)과 교회 때문에 겪게 되는 고난을 감사하며 기쁘게 하소서.
- 다음세대에게 갑절의 믿음과 갑절의 은혜, 갑절의 능력을 허락하소서.

47 빌레몬의 신앙과 삶

■ 본문 말씀
몬 1:4-7

■ 이룰 목표
- 칭찬 받는 신앙이 무엇인가 배운다.
- 삶의 기쁨과 위로가 무엇인가 배우고 실천한다.

■ 본문 살피기
- 사도 바울이 칭찬한 빌레몬의 믿음은 무엇입니까?(4-6절)
- 빌레몬의 신앙을 통해 성도들의 마음에 얻은 것은 무엇입니까?(7절)
- 사도 바울에게 기쁨과 위로가 된 것은 무엇입니까?(7절)

소그룹예배 인도 순서

사도신경	다 같이
찬 송	359장(통 401)
기 도	회원 중
본문 말씀	몬 1:4-7
새길 말씀	몬 1:7
헌금 찬송	463장(통 518)
헌금 기도	회원 중
주기도문	다 같이

말씀 나누기

빌레몬은 바울을 통해 회심한 이후 바울과 디모데의 사랑을 받는 자인 동시에 동역자였습니다(몬 1:1). 그리고 '네 집에 있는 교회'라는 기록을 통해 빌레몬의 신앙이 상당히 깊었음을 확인할 수 있습니다(몬 1:2). 빌레몬서는 빌레몬의 종인 오네시모에 대하여 믿음 안에서 용서와 더불어 그를 종이 아닌 복음의 일꾼으로 세워주기를 바라는 바울의 간절한 소원을 담고 있습니다. 이것이 진정한 기독교적 사랑의 정신입니다.

당시 로마법에 의하면 주인에게서 도망친 노예는 사형에 처하도록 규정되어 있었습니다. 그러나 사도 바울은 그러한 규범을 넘어서 오네시모를 예수 안에서 한 형제로 대하며, 그의 영육간의 모든 문제를 그리스도의 사랑으로 용서할 것을 부탁한 것입니다(요 13:34). 본문을 통해 이러한 빌레몬의 신앙과 삶을 살펴보겠습니다.

1. 진정한 믿음의 교제가 무엇인가 볼 수 있었습니다

바울은 '기도할 때마다 항상 빌레몬을 생각하고 하나님께 감사드린다'고 언급하면서 그 이유를 '주 예수와 및 모든 성도에 대한 네 사랑과 믿음'의 소식을 들었기 때문이라고 기록합니다(4-5절). 또한 그의 사랑으로 말미암아 성도들이 평안함을 얻고 있다는 소식을 들음으로써 바울이 기쁨과 위로를 받았다고 칭찬합니다(7절).

성도 간에 진정한 믿음의 교제와 사랑은 평안함을 가져다줍니다. 요즘 교회 안에서 어떤 성도들은 농담이나 하고, 함께 어울려 스포츠나 등산, 관광 등 여가를 즐기는 것에만 관심을 갖고 있습니다. 물론 교인들과 주 안에서 함께 어울리고 친교를 나누는 것이 좋은 일이지만, 친교가 목적이 되어 세속적 방법으로 나누는 교제가 된다면, 한 순간 잠시 서로에게 기쁨을 주고 화목한 관계를 주는 것 같지만 결국은 신앙적으로 아무런 유익이 되는 못합니다. 그러므로 성도의 참된 교제는 우선 '믿음을 통한 교제'여야 합니다. 모이면 사도의 가르침을 받고, 기도하며, 하나님을 찬미함으로 믿음의 교제를 나누었던 초대교회 성도들의 아름다운 모습을 실천해야 합니다(행 2:42-47).

"그들이 사도의 가르침을 받아 서로 교제하고 떡을 떼며 오로지 기도하기를 힘쓰니라"(행 2:42)

2. 빌레몬은 모든 이들에게 평안함을 주었습니다

빌레몬은 믿음의 교제를 행하며 교회와 성도들에게 선행에 힘쓰므로 (5-6절) 많은 성도들이 평안을 얻는 결과를 가져왔습니다. 선행은 그 혜택을 받은 당사자는 물론이고, 어려움에 빠진 것을 보고도 도울 능력이 없어 안타까워하는 주위 사람들의 마음까지도 평안을 가져다줍니다. 그래서 이런 '평안'은 단순한 안도감을 넘어 '기쁨과 위로'까지 가져왔습니다(7절).

이처럼 빌레몬과 같은 사람이 진정한 하나님의 자녀라 말할 수 있으며 (마 5:9), 교회와 믿음의 형제들에게 유익한 성도라 할 수 있습니다. 사람들 중에는 말로 타인의 마음에 상처를 주기도 하고 오해를 불러 다툼을 일으키는 무익한 사람도 있습니다. 반면에 아픈 마음을 위로하고 서로 다투는 사람들을 화평하게 하는 유익한 사람도 있습니다(11절). 이제는 성도들이 적극적으로 평화를 만드는 데 앞장 서야 합니다. 그것이 진정한 하나님의 자녀들의 모습입니다. 성령 하나님께서 임마누엘로 우리를 도우십니다(요 16:13).

"화평하게 하는 자는 복이 있나니 그들이 하나님의 아들이라 일컬음을 받을 것임이요"(마 5:9)

3. 빌레몬은 사랑과 관용의 삶을 살았습니다

빌레몬의 삶은 교회와 성도들에게 기쁨과 위로가 되었습니다(7절). 빌레몬은 '사랑을 간직한 자'란 뜻의 이름처럼 살았던 것입니다. 이러한 빌레몬의 믿음과 성도를 향한 사랑과 관용의 삶에 대하여 사도 바울은 깊은 감사와 칭찬을 아끼지 않았습니다. 그리고 결국 도망친 노예 오네시모를 예수 그리스도 안에서 한 형제로 받아들이고 교회의 일꾼으로 세우는 데까지 나아갑니다(16절). 이러한 예수 그리스도의 사랑이 오늘의 교회를 있게 한 것입니다.

빌레몬의 '믿음'은 신앙을 말합니다(5-6절). '사랑'은 이에 따른 삶을 가리킵니다(5, 7절). 빌레몬에게는 믿음과 사랑이 공존했습니다. 즉 신앙과 삶이 함께 했다는 것입니다. 그러나 오늘날 신앙(믿음)은 좋은데 삶(사랑과 관용)은 부족합니다. 이것이 '예수는 좋은데 교회는 싫다'는 말이 나오는 이유라고 하겠습니다. 이것은 성령의 충만을 받을 때만이 가능합니다(갈 5:22). 이를 위해 초대교회 성도들처럼 예수님 명령(행 1:4-5) 따라 오로지 기도하는 성도가 되어야 하겠습니다(행1:14).

"오직 성령의 열매는 사랑과 희락과 화평과 오래 참음과 자비와 양선과 충성과 온유와 절제니 이같은 것을 금지할 법이 없느니라"(갈 5:22)

말씀 실천하기
- 진정한 믿음의 교제를 위해 어떤 계획을 세우겠습니까?
- 사랑과 관용의 삶을 어떻게 실천하겠습니까?

합심 기도하기
- 나의 모든 말들이 믿음의 언어(말이 말씀되게)로 변화시켜 주소서.
- 성령의 충만으로 평화를 만드는 사랑과 관용의 삶을 실천하게 하소서.

48 교회의 신실한 동역자 디도

■ 본문 말씀
고후 8:16-24

■ 이룰 목표
- 바울의 신실한 동역자 디도의 신앙과 삶에 대하여 배운다.
- 교회를 세워가는 진정한 동역이란 무엇인가 배우고 실천한다.

■ 본문 살피기
- 바울의 권함을 받은 디도의 반응은 어떠했습니까?(16-17절)
- 디도와 함께 할 두 형제의 신앙과 동행의 이유는 무엇입니까?(18-22절)
- 디도의 신앙과 이들에 대한 바울의 부탁은 무엇입니까?(23-24절)

소그룹예배 인도 순서

사도신경	다 같이
찬 송	266장(통 200)
기 도	회원 중
본문 말씀	고후 8:16-24
새길 말씀	고후 8:23
헌금 찬송	320장(통 350)
헌금 기도	회원 중
주기도문	다 같이

말씀 나누기

본문 말씀은 사도 바울이 기근에 시달리는 예루살렘 교회를 위해 고린도 교회가 구제에 동참해 줄 것을 요청한 내용입니다. 그렇게 거액의 연보가 모금되었고, 이 헌금을 예루살렘 교회에 전달할 적임자로 사도 바울은 디도와 두 형제를 선정하여 고린도 교회로 보내는 과정을 기록하고 있습니다.

이렇게 위대한 전도자 바울의 선교사역 뒤에는 디도와 같이 복음 사역에 큰 도움이 되었던 '믿을만한 충성된 동역자'들이 있었기 때문에 가능했습니다. 여기서 하나님의 교회는 뛰어난 은사를 지닌 한 개인에 의해서 이루어지는 것이 아니라, 다양한 은사를 지닌 여러 신실한 주의 일꾼들이 합심하여 동역할 때 온전히 이루어진다는 사실을 기억해야합니다. 그러므로 동역이란 같이 일하는 것이 아니라, 같은 마음으로 일하는 것입니다. 교회의 신실한 동역자였던 디도를 통하여 주님께서 원하시는 '믿을만한 충성된 일꾼'은 어떤 사람인지 살펴보겠습니다.

1. 간절히 자원하는 마음을 가진 동역자였습니다

당시 디도는 에베소에서 고린도 교회로 파송을 받았다가 마게도냐로 돌아온 지 얼마 되지 않은 상황이었습니다. 오늘날과 같이 교통수단이 없던 까닭에 상당한 육체적 부담이 있었을 것입니다. 그러나 바울로부터 예루살렘 교회를 위해 모금된 거액의 연보를 운반하기 위해서 고린도에 가야 한다는 이야기를 듣자마자 "간절함으로 자원하여"(17절) 승낙을 했습니다.

이와 같은 디도의 자발적인 태도는 온갖 수고와 위험에도 불구하고 오직 주님과 교회를 위해 헌신하며 봉사하겠다는 그의 열정에서 비롯된 것입니다. 이것은 전적인 하나님의 은혜였습니다. 바울은 이러한 간절함을 디도의 마음에 주신 하나님께 감사했습니다(16절). 예수님에게도 십자가는 지고 싶지 않은 무거운 짐이었습니다. 그러나 '힘쓰고 애써 더욱 간절히 기도'함으로 자원하여 십자가를 지셨습니다. 이것이 성도들의 기도 제목입니다.

"주의 구원의 즐거움을 내게 회복시켜 주시고 자원하는 심령을 주사 나를 붙드소서"(시 51:12)

2. 모든 교회로부터 칭찬받는 동역자였습니다

바울은 자신의 편향에 사로잡히지 않도록 모든 교회와 많은 사람들로부터 칭찬과 인정을 받는 사람을 교회의 택함을 받아 선정했습니다(19절). 디도 역시 마찬가지입니다. 교회 공동체로부터 인정을 받는다는 것은 참으로 대단한 일입니다. 이것은 하루아침에 되는 것이 아니라 오랜 시간 교회 안에서 자신의 신앙과 삶을 통하여 결정되는 것입니다.

"형제들아 너희 가운데서 성령과 지혜가 충만하여 칭찬 받는 사람 일곱을 택하라 우리가 이 일을 그들에게 맡기고"(행 6:3) 성령과 지혜가 충만해도 칭찬 받는 사람이 아니면 아직은 아니라는 것입니다. 원리로는 성령과 지혜가 충만하면 칭찬도 따를 것으로 생각되는데, 현실은 그렇지 않습니다. 아직도 자기주장이 강하고, 섬길 줄 모르며(자기방식대로의 섬김), 상대방을 배려할 줄 모릅니다. 생각 없이 말하고, 말뿐인 경우도 많습니다. 신앙은 삶입니다. 왜 신앙은 좋은 것 같은데 공동체(교회) 안에서 칭찬과 인정을 받지 못하는지를 고민해야 할 때입니다.

"우리가 마게도냐에 이르렀을 때에도 우리 육체가 편하지 못하였고 사방으로 환난을 당하여 밖으로는 다툼이요 안으로는 두려움이었노라 그러나 낙심한 자들을 위로하시는 하나님이 디도가 옴으로 우리를 위로하셨으니" (고후 7:5-6)

3. 주님의 교회를 맡게 된 동역자였습니다

디도라는 이름은 '공경하다'라는 뜻으로 이방(헬라)인으로서 그리스도인이 되었고 사도 바울의 신실한 동역자가 되었습니다. 얼마나 사도 바울이 디도를 신뢰했는가는 "나의 믿음의 참아들 된 디도"(딛 1:4)라는 말씀과 그레데 지역의 주님의 교회를 돌보라는 부탁에서 알 수 있습니다(딛

1:5). 사도 바울이 디도서를 쓰게 된 첫 번째 이유가 교회 지도자가 '성격이 고약한 그레데 사람'(딛 1:12)을 고려하여 지녀야 할 성품을 디도에게 상기시키기 위해서입니다(딛 1:5-9). 이것을 통하여 디도의 신앙과 삶이 어떠함을 미루어 짐작할 수 있습니다.

당시 대부분의 초대 교회들이 겪고 있었던 어려움은 교회 조직의 미비와 이단의 공격 등으로 인한 혼란이었습니다. 이때 사도 바울은 디도의 진지한 열정과 성도에 대한 지속적인 관심과 애정 그리고 목회 사역에 있어서 바른 처신과 매사에 현명한 판단으로 정확하게 일을 처리했던 모습을 잊지 않고(고후 7:13-15, 8:16-24), 사역하기 쉽지 않은 그레데 교회를 맡기게 된 것입니다.

"내가 너를 그레데에 남겨 둔 이유는 남은 일을 정리하고 내가 명한 대로 각 성에 장로들을 세우게 하려 함이니"(딛 1:5)

말씀 실천하기
- 공동체 안에서 칭찬받는 신앙과 삶을 이루기 위하여 어떤 계획을 세우겠습니까?
- 한 주간 어떻게 교회와 성도들의 신실한 동역자로서 실천하겠습니까?

합심 기도하기
- 모든 주의 일에 기쁨으로 자원하는 마음을 갖게 하소서.
- 교회와 모든 사역자들에게 칭찬받는 동역자가 되게 하소서.

이러므로 우리에게 구름 같이 둘러싼 허다한 증인들이 있으니
모든 무거운 것과 얽매이기 쉬운 죄를 벗어 버리고
인내로써 우리 앞에 당한 경주를 하며
믿음의 주요 또 온전하게 하시는 이인 예수를 바라보자
그는 그 앞에 있는 기쁨을 위하여 십자가를 참으사
부끄러움을 개의치 아니하시더니 하나님 보좌 우편에 앉으셨느니라

– 히 12:1, 2

바이블 루트

PART **9** 절기

49 부활을 믿고 전하라

■ 본문 말씀
행 4:1-12

■ 이룰 목표
- 부활하신 주님을 만나야 나의 삶이 변화된다는 사실을 안다.
- 부활하신 주님을 인격적으로 만나기를 기도하며 소망한다.

■ 본문 살피기
- 제사장과 사두개인들은 무엇을 싫어했습니까?(1-2절)
- 믿는 자들이 세상에 대하여 담대할 때는 언제입니까?(8절)
- 구원받는 유일한 길은 무엇입니까?(12절)

소그룹예배 인도 순서

사도신경 **다 같이**
찬 송 **161장**(통 159)
기 도 **회원 중**
본문 말씀 **행 4:1-12**
새길 말씀 **고전 15:12-13**
헌금 찬송 **167장**(통 157)
헌금 기도 **회원 중**
주기도문 **다 같이**

―――
말씀 나누기

인생에 관한 여러 말들이 있지만 그중에서 덴마크의 철학자 키에르케고르가 한 말이 생각납니다. 그는 인생을 가리켜 "사형 선고를 받은 죄수들이 감방에 갇혀 있다가 한 사람씩 교수 형장으로 끌려가는 모습을 바라보면서 자신의 순번을 기다리는 것과 같다"라고 했습니다. 이처럼 죽음이라는 호출을 기다리며 불안하고 초조한 모습으로 살 수밖에 없는 것이 인생입니다. 그런데 이러한 인생의 불안과 초조의 근본 뿌리는 바로 죽음의 문제에 있습니다. 죽은 시체를 무서워하고, 움직이지 않는 것을 겁내며, 심지어는 죽을 사(死) 자까지 싫어해서 엘리베이터에 아직도 4층이 없는 곳도 있습니다. 숫자 4와 죽을 사(死)가 전혀 관계가 없는데도 단지 발음이 같다는 이유만으로 우리나라 사람들은 4층 대신 F층을 만들어 놓는 웃지 못 할 상황도 벌어진 것입니다. 얼마나 죽음이 싫었으면 이렇게 했을까요? 죽음의 두려움을 이기는 방법을 본문을 통해 살펴보겠습니다.

1. 죽음에 대한 두려움이 인생 최대의 두려움입니다

'죽음에 대한 두려움'은 죄와 함께 우리에게 들어왔습니다. 에덴동산에서 죄를 짓기 전에는 이런 두려움은 없었습니다. 그래서 인류는 죄와 함께 이 땅에 살면서 이 두려움 때문에 근심하고 또 아파합니다. 그것을 해결하려고 사람들은 성공도 추구하고, 많이 가져도 보고, 배워도 보고, 채워도 봤지만 여전히 그 두려움에서 결코 자유로울 수가 없었습니다.

이러한 우리를 보신 하나님의 최대 관심사는 바로 이 문제에 대한 해결이었습니다. 결국 아버지께서 직접 나서서 해결책을 주시기로 하셨습니다. 바로 아들 예수 그리스도께서 우리와 똑같은 모습인 육신을 입고 이 땅에 오게 하셨습니다. 그리고 십자가에 죽게 하셨습니다. 그 죽음은 주변의 모든 사람들을 절망하게 했지만, 결국 죽음을 이기시고 부활하셔서 걱정과 근심과 불안가운데 빠져있는 사람들에게 죽음이 끝이 아니라는 사실과, 새로운 부활의 소망이 있다는 것을 다시 사심으로 보여주셨습니다.

"우리 주 예수 그리스도의 아버지 하나님을 찬송하리로다 그의 많으신 긍휼대로 예수 그리스도를 죽은 자 가운데서 부활하게 하심으로 말미암아

우리를 거듭나게 하사 산 소망이 있게 하시며"(벧전 1:3)

2. 분명한 부활 신앙이 있으면 극단의 상황에서도 두려움이 사라집니다

1900년대 초 영국 덜햄에 있는 석탄 광산에서 갱이 무너져 광부 164명이 사망한 사건이 있었습니다. 그 붕괴된 갱도를 나중에 파헤치고 들어가보니까 이런 글귀가 적힌 판자 쪽이 발견되었습니다. 석탄으로 써 놓은 것이었습니다. "주님은 우리와 함께 하셨습니다. 우리는 갈 준비가 되어 있습니다. 주여, 축복하소서. 모든 사람은 영원한 영광에 들어갈 준비가 되어 있습니다. 화요일 오후 2시" 이런 글귀 옆에 준비된 모습으로 광부들이 평안히 잠들어 있었다는 것입니다. 마치 예수님이 겟세마네 동산에서 하나님의 뜻을 깨달은 것과 같이, 십자가상에서 하나님의 뜻을 다 이루시고 영혼을 아버지의 손에 부탁하시는 모습과도 같이, 광부들은 부활의 소망 바라보며 하나님 나라에 들어갈 준비를 한 것입니다. 두려울 수밖에 없는 그런 상황에서 이런 죽음을 맞이할 수 있는 것은, 오직 죽음을 이기고 살아나신 그리스도에 대한 부활 신앙을 갖고 있을 때만 가능합니다.

"예수께서 이르시되 나는 부활이요 생명이니 나를 믿는 자는 죽어도 살겠고"(요 11:25)

3. 부활하신 주님을 만나기만 하면 사명이 생깁니다

예수님의 제자들도 처음에는 예수님이 다시 살아나셨다는 말을 듣고도 믿지 못했습니다. 그래서 여전히 슬픔과 실망과 불안 속에서 하루하루를 보내고 있었습니다. 하지만 부활하신 예수님을 만나고 나서 그들은 완전히 달라졌습니다. 슬픔은 변해서 기쁨이 되었고, 실망은 변해서 소망이 되었고, 불안은 변해서 담대함이 되었습니다. 그리고 어디든 가서 어떤 희생을 감수하고서라도 자신들이 목격한 부활의 주님을 담대하게 증거했습니다.

현시대를 살아가는 그리스도인들도 마찬가지입니다. 부활하신 주님을 만나기만 하면, 믿기만 하면, 죽음은 더 이상 절망하거나 슬퍼할 것이 못됩니다. 예수님의 부활을 통해 죽음은 더 이상 주를 믿는 그리스도인들을 가두거나 얽어매지 못한 다는 사실을 보여주셨습니다. 그러므로 먼저 부활하신 주님을 만나야 합니다. 그리고 그 사실을 아는데서 그치는 것이 아니라 제자들처럼 전하는 사명자가 되어야 합니다.

"사도들이 큰 권능으로 주 예수의 부활을 증언하니 무리가 큰 은혜를 받아"(행 4:33)

말씀 실천하기
- 부활하신 주님을 만났던 감격을 유지하기 위해 어떤 노력을 기울이고 있습니까?
- 생활속에서 부활하신 주님을 어떻게 전하겠습니까?

합심 기도하기
- 교회 성도들 모두가 부활신앙을 가질 수 있도록 서로 기도하게 하옵소서.
- 교회 청소년, 청년들이 주님을 인격적으로 만날 수 있도록 하옵소서.

50 순전한 맥추 감사의 의미

■ 본문 말씀
출 34:22

■ 이룰 목표

– 성경에 기록된 맥추절에 대하여 정확하게 이해한다.
– 맥추절을 어떻게 지켜야 하는지를 깨닫고 실천한다.

■ 본문 살피기

– 성경에 나타난 맥추절은 어떤 절기입니까?(신 16:9-12)
– 맥추절을 지키는 가장 중요한 이유는 무엇입니까?(신 16:11)
– 여호와 하나님은 맥추절을 통해 무엇을 하라고 하십니까?(신 16:12)

소그룹예배 인도 순서

사도신경	다 같이
찬 송	304장(통 404)
기 도	회원 중
본문 말씀	출 34:22
새길 말씀	대상 16:34
헌금 찬송	591장(통 310)
헌금 기도	회원 중
주기도문	다 같이

말씀 나누기

성경에서 맥추절이란 이스라엘 절기 중 초실절과 관계가 있습니다. 초실절이란 유월절 규례대로 만찬을 먹은 뒤 찾아오는 첫 번째 안식일 지키고, 바로 다음날 새벽에 이스라엘 전체를 대표해서 처음 익은 곡식을 베어 와서 성전에서 제사를 드리는 것입니다. 초실절을 보리 추수를 알리는 제사라고 해서 맥추절이라고도 부르게 된 것입니다. 같은 시기에 씨를 뿌려도 보리를 먼저 추수하게 되는데, 초실절 제사를 드릴 즈음에는 보통 이스라엘 땅에 보리가 거의 다 익어가는 시기가 됩니다. 따라서 처음 익은 곡식은 주로 보리가 되었고, 초실절 제사에 보리를 요제로 드리게 되었던 것입니다. 하나님께 맥추절 제사를 드리고 나서야 이스라엘 전체가 보리를 추수하게 되는 것입니다. 어느 누구도 이 맥추절 제사가 드려지기 전에는 보리에 낫을 댈 수가 없었습니다(레 23:14). 이후부터 비로소 보리를 추수하기 시작하는데, 49일 동안 온 이스라엘 백성들이 추수한 첫 열매를 성전으로 가지고 와서 요제로 드리게 됩니다. 그렇게 해서 50일째 되는 날이 바로 오순절이 됩니다(레 23:15-16). 이 오순절에 하나님께 감사하고 그날을 기념하여 맥추 감사절을 지키는 것입니다. 따라서 명확하게 맥추절은 보리의 첫 열매로 요제를 드리는 초실절이라고 합니다. 이후 50일 동안 추수를 하여 그 추수한 열매를 드리며 반 년 동안 하나님께서 베푸신 은혜와 축복에 대해 감사하며, 그것을 기념하여 드리는 것이 바로 맥추 감사절입니다.

1. 가장 처음 것으로 감사하는 절기입니다

이것은 맥추절이 초실절로 명명되는 명확한 이유이기도 합니다. 하나님께서는 하나님의 소유된 백성인 이스라엘에게 초태생과 만물은 하나님의 것이라고 선포하셨습니다(출 13:1-10; 신 26:1-11). 무엇이든 처음 것, 첫 번째 곡식과 새끼, 첫 번째로 얻는 아들까지 이 모든 것은 하나님의 것임을 명확하게 규정하였습니다. 이것은 하나님이 창조주가 되시며 만물의 주인이 되신다는 것을 인정하고 고백하는 차원입니다. 사도바울도 동일하게 이 모든 만물이 주께로부터 나오고 또한 주님께로 돌아가야만 한다고 선언합니다(롬 11:36).

첫 번째 것을 성별하여 하나님께 드려야만 하는 중대한 뜻과 신앙고백이 있습니다. 이것은 모든 만물이 다 하나님의 것임을 명확하게 인정하고 고백하는 차원입니다. 첫 열매, 첫 새끼, 첫날, 첫 아들을 하나님께 바치라는 이유가 바로 여기에 있습니다. 세상 만물이 다 하나님의 소유라는 것입니다. 주일 성수의 이유도 마찬가지입니다. 모든 시간이 하나님의 것입니다.

예수님도 가르침과 설교를 통해 동일한 맥락으로 하나님의 나라와 뜻이 무엇인지를 말씀하셨습니다. 가장 먼저 주님의 나라와 의를 구하라고 하셨습니다(마 6:33). 진정한 신앙의 요체는 '하나님 먼저 그리고 우리는 나중'입니다. 최우선적으로 하나님을 주로 인정하고 실제적인 삶으로 고백하는 것이야말로 참 신앙이기 때문입니다. 이른 새벽을 깨우며 하나님께 나아가 첫 시간을 하나님께 드리며 기도하면서 하루를 시작하는 것, 한 주간을 살아가기 전에 첫 번째 날을 거룩한 주일로 지키는 것이 신앙의 기본이고 성결한 신앙생활이기 때문입니다. 이렇게 모든 마음과 뜻과 성품과 생명을 다해 하나님을 가장 먼저 섬기고 사랑하는 것이 초실절인 맥추절입니다.

"나를 사랑하는 자들이 나의 사랑을 입으며 나를 간절히 찾는 자가 나를 만날 것이니라"(잠 8:16)

2. 허락하신 은혜와 축복에 감사하는 절기입니다

맥추절은 다른 말로 '오순절'이라고도 합니다. 이는 유월절로부터 50일째 되는 날에 지켜지는 절기이기 때문입니다. 이날은 신약시대에 너무나 중대하고도 의미 있는 사건이 일어난 때이기도 합니다. 죽음에서 부활하신 예수님이 약속하신 대로 보혜사 성령께서 임하셔서 고난과 죽음의 공포에 사로잡혀 있던 사람들에게 거룩한 은혜의 체험과 더불어 자유와 해방의 기쁨과 감동을 주신 시간과 동일한 절기입니다(행 1:8, 2:1-13).

따라서 그 은혜와 축복에 대한 감격과 충만한 감사가 동일하게 일어나야 할 것입니다. 인간적인 계산과 방법, 그리고 매번 반복되는 교회 행사가 아니라 성령이 역사하는 뜨거운 은혜 체험과 그로 말미암은 거룩한 헌신이 있는 절기여야 합니다. 지극히 세속적이거나 인간적인 방법이나 행위로는 하나님의 기쁨이 될 수 없습니다. 매해 반복되는 일상적인 맥추절 행사로 끝나서는 안 되는 이유가 여기에 있습니다. 억지로 하거나 부득이하게, 강요나 주변의 눈치를 보며 드리는 감사로는 하나님의 기쁨이 될 수 없습니다. 감사하는 것이 기쁘고 행복해야 합니다. 하나님께 드릴 수 있는 것 자체가 가장 큰 감사인 동시에 더 큰 행복이 되어야 한다는 것입니다.

"감사로 드리는 자가 나를 영화롭게 하나니 그의 행위를 옳게 하는 자에게 내가 하나님의 구원을 보게 하리라"(시 50:23)

3. 나눔과 사랑을 실천하는 절기입니다

맥추절은 하나님께서 제사장의 나라로 선택하신 이스라엘을 향한 사랑의 계명을 실천하는 절기입니다. 약하고 가난한 이웃들과 함께 하나님께서 베풀어주신 양식을 나누고 그 섬김과 나눔을 통해 하나가 되어 기쁨으로 충만해지는 것이 맥추절이기 때문입니다. 신명기 16장 11절에서, 하나님은 "너와 네 자녀와 노비와 네 성중에 있는 레위인과 및 너희 중에 있는 객과 고아와 과부가 함께 네 하나님 여호와 앞에서 즐거워하라"고 명령하십니다. 이스라엘로 하여금 과거에 떠돌이였던 것을, 부랑자로 나그네로 살았던 것을, 멸시와 천대를 받았던 소수의 무리였음을 잊지 말라는 것입니다. 가장 작고 보잘 것 없는 그들을 하나님께서 선택하셨을 뿐만 아니라 폭정과 억압으로부터 구원하시고 민족과 나라를 이루도록 해주셨음을 잊지 말라는 것입니다. 이스라엘은 자력으로가 아닌, 오직 하나님의 특별한 선택과 구속의 은혜로 말미암은 하나님의 백성임을 결코 잊어서는 안 된다는 것입니다(신 7:6-11). 결코 교만하거나 생명의 근원이신 하나님을 떠나서는, 그의 은혜를 잊어서는 살 수 없다는 것을 분명하게 알아야 한다는 것입니다.

"그러나 나의 나 된 것은 하나님의 은혜로 된 것이니 내게 주신 그의 은혜가 헛되지 아니하여 내가 모든 사도보다 더 많이 수고하였으나 내가 아니요 오직 나와 함께하신 하나님의 은혜로라"(고전 15:10)

말씀 실천하기
- 진심과 최선을 다해 하나님께 감사드리겠습니까?
- 하나님께서 말씀하신 맥추절의 은혜와 축복을 어떻게 나누겠습니까?

합심 기도하기
- 주신 복과 은혜에 감사하며 섬김과 나눔을 통해 하나님의 사랑을 전하게 하소서
- 오순절의 강한 성령의 역사로 부흥케 하소서.

51 초막절의 감사

■ 본문 말씀
레 23:39-44

■ 이룰 목표

- 초막절을 지켜야 하는 이유와 의미를 안다.
- 초막절이 가진 감사의 의미를 안다.

■ 본문 살피기

- 초막절은 어느 때에 지켰습니까?(39절)
- 이스라엘 백성들은 절기를 지키기 위해 어디에 거주해야 했습니까?(42절)
- 초막절을 지키게 하신 하나님의 뜻은 무엇입니까?(43절)

소그룹예배 인도 순서

사도신경 **다 같이**

찬　　송 **588장**(통 307)

기　　도 **회원 중**

본문 말씀 **레 23:39-44**

새길 말씀 **레 23:41**

헌금 찬송 **592장**(통 311)

헌금 기도 **회원 중**

주기도문 **다 같이**

말씀 나누기

이 초막절은 지난 날 이스라엘 백성들이 애굽 땅에서 나와서 광야생활을 하는 동안에 하나님의 인도하심을 받은 것을 감사하는 절기입니다. 물론 가장 중요한 것은 초막절에 맞춰 추수를 한 후, 농사짓고 수확을 거두 게 된 것을 하나님 앞에 감사하는 절기입니다.

초막절이 되면 그들은 자기의 '수코트'(초막)를 만들 뿐만 아니라 남의 집의 수코트도 돌아가면서 방문하면서 서로 어울려서

파티를 열고 한 주간 동안 즐기는데, 이는 명절 가운데서도 '기쁨의 절기'라고 할 수 있습니다. 이 초막절이 갖고 있는 특별한 세 가지의 감사를 살펴보겠습니다.

1. 가정에 대한 감사입니다

이 '수코트'라는 초막, 천막은 가족들이 함께 모여 만드는 것입니다. 그래서 수코트는 가족에 의한 혹은 가족들을 위해 만들어지는 것이라고 할 수가 있습니다.

이스라엘 백성들이 광야 생활을 할 때 많은 고난과 시련이 있었지만 그들은 이 고난을 이길 수 있었던 힘이 하나님의 인도하심과 가족 때문에 가능했다고 믿은 것입니다. 사랑하는 남편, 아내, 자녀들, 가족 사이에서 나누어지는 그 사랑의 힘이, 사랑의 에너지가 그 광야의 고난과 역경과 시련을 이길 수가 있는 힘, 용기의 근원이 될 수가 있었기 때문입니다.

우리가 현대를 가리켜서 소위 핵가족화의 시대라고 부릅니다. 그러므로 이제는 식구들이 많아지는 것이 부담스러운 시대가 되었습니다. 가족을 이제는 짐이라고 생각하는 사람들이 많아지고 있는 것이 사실입니다. 그러나 실제로 가족은 인생을 살아가는 일에 있어서 커다란 힘이 됨을 경험을 통해 알 수 있습니다. 가족 때문에 겪는 어려움보다는 훨씬 더 많은 축복, 더 많은 사랑, 더 많은 격려가 가정에서 나눠지고 있습니다. 그러므로 감사해야 합니다. '수코트'라는 것은 가족들의 사랑의 보금자리, 안식의 피난처라고 할 수가 있습니다.

"자녀들아 주안에서 너희 부모에게 순종하라 이것이 옳으니라 네 아버지와 어머니를 공경하라 이것이 약속있는 첫 계명이니 이로써 네가 잘되고 땅에서 장수하리라"(엡 6:1-3)

2. 신앙의 공동체에 대한 감사였습니다

이스라엘 백성들이 자신들의 수코트, 즉 가정을 위한 수코트를 만들지만 때로는 다른 사람들의 수코트를 방문합니다. 옛날에는 여러 사람들이 함께 거할 수 있는 굉장히 큰 천막(수코트)을 만들기도 했습니다. 요즈음은 회당 같은 데 방문을 해 큰 천막을 만들기도 하고 또한 회당 안에 들어가서 종려나무 가지 혹은 감람나무 혹은 버들가지들을 취해서 회당 안에다가 여러 가지 장식을 해 놓습니다.

과거의 이스라엘 백성들의 광야에서 행진이 내 가족의 행진이었을 뿐만 아니라 가족들이 함께 모여진, 더 큰 가족, 공동체의 행진이었다는 사실을 확인하려는 것입니다. 즉 '내 가족이 내게 위로가 된 것 못지않게 주변에 같이 하나님을 고백하고 같이 하나님을 사랑하고 함께 여호와의 이름을 부르는 사람들이 하나의 공동체를 만들어서 더불어 나눌 수 있었던 격려와 위로 때문에 광야의 길을 걸어갈 수가 있었다.'라는 것을 회고하는 것입니다.

우리가 가족을 주신 하나님의 은혜에 감사하지만 그에 못지않게 가족들이 모여서 형성하고 있는 커다란 가족, 하나님의 가족, 교회를 주신 하나님 앞에 찬양과 감사를 드려야 합니다.

"서로 친절하게 하며 불쌍히 여기며 서로 용서하기를 하나님이 그리스도 안에서 용서하심과 같이하라"(엡 4:32)

3. 영원한 소망에 대한 감사입니다

초막절에 하나님의 백성들은 집을 떠나는 연습을 합니다. 요즈음 편리한 시대가 돼서 이스라엘에 가도 초막절을 지킬 때 먼 광야나 사막까지 나가지 않고 자기 집 옆에다가 그냥 초막을 만들고 그렇게 편리하게 지냅니다. 그러나 본래 초막절을 지키던 방식은 들에 나갑니다. 일시적이지만 집을 떠나 야영을 하면서 우리의 정, 욕망, 안정의 중심이었던 집을 잠시 떠나는 연습을 하는 것입니다. 또한 애굽 땅에서 선조들을 해방의 길로 이끄신 하나님의 은혜를 되새깁니다.

어느 순간 집을 떠나는 날이 옵니다. 내 영혼이 육체의 집도 떠납니다. 언제인가 시간이 되면, 우리도 함께 더불어 살며 행복한 추억을 쌓아 왔던 사랑하는 가족들을 잠시 떠나 하나님께서 예비하신 집으로 가야 합니다. 그러므로 우리를 죄와 죽음의 길에서 구원하여 영원한 생명을 얻게 해주신 그 큰 뜻을 되새기는 절기가 되어야 합니다.

"만일 땅에 있는 우리의 장막집이 무너지면 하나님께서 지으신 집 곧 손으로 지은 것이 아니라 하늘에 있는 영원한 집이 우리에게 있는 줄 아느니라"(고후 5:1)

말씀 실천하기
- 가정에서 축복과 사랑과 격려를 구체적으로 어떻게 나누겠습니까?
- 믿음의 공동체에게 어떻게 감사를 표현하겠습니까?

합심 기도하기
- 우리의 가족이 살아가는데 큰 힘과 격려가 되게 하소서.
- 육신의 집을 떠날 때 영원한 집에 들어가는 소망을 품고 살아가게 하소서.

52 구유에 오신 예수님

■ 본문 말씀
눅 2:1-7

■ 이룰 목표
- 이 땅에 육신을 입고 오신 예수 그리스도를 안다.
- 마구간 구유에 가난하고 초라하게 오신 의미를 안다.

■ 본문 살피기
- 요셉이 마리아와 함께 베들레헴으로 간 이유는 무엇입니까?(1절)
- 약혼녀 마리아는 어떤 상태였습니까?(5절)
- 예수님이 태어난 곳은 어떤 곳이었습니까?(7절)

소그룹예배 인도 순서

사도신경	다 같이
찬 송	114장(통 114)
기 도	회원 중
본문 말씀	눅 2:1-7
새길 말씀	눅 2:7
헌금 찬송	453장(통 506)
헌금 기도	회원 중
주기도문	다 같이

말씀 나누기

예수 그리스도는 지금으로부터 2000여 년 전 베들레헴 땅에 육신을 입고 오셨습니다. 하나님의 백성 이스라엘은 오랫동안 메시아 오시기를 기다려 왔으나, 정작 그가 오셨을 때는 아무도 그를 알아보지 못했습니다. 다만 하나님께서 알게 해 주신 몇몇 사람만이 오신 왕을 영접했을 뿐입니다.

특히 그가 가난하고 초라한 모습으로 요셉과 마리아의 가정에 태어나신 것은 현대를 살아가는 우리에게도 많은 것을 생각하게 합니다.

1. 여관에 있을 곳이 없었습니다

로마 황제 아구스도가 천하에 호적령을 내린 역사적 사실을 언급함으로써 아기 예수의 탄생이 역사적 사실임을 부각시키고 있습니다. 예수님이 태어나신 것은 구레뇨가 수리아 총독 되었을 때입니다(2절). 당시 요셉은 만삭(滿朔)이 된 마리아를 데리고 나사렛에서 멀리 베들레헴까지 가야 했고, 베들레헴에 몰려든 인파 때문에 변변한 숙소를 찾을 수 없었던 두 사람은 마구간에서 아기를 해산할 수밖에 없었습니다. "이는 여관에 있을 곳이 없었음이라"는 이 말은 예수님 맞을 여유가 없는 사람들의 마음을 잘 묘사하고 있습니다.

그때나 지금이나 세상 사람들은 자신만을 생각하고 자신만을 사랑하는 이기적인 동물입니다. 이제 곧 해산할 만삭의 임산부입니다. 그들을 어떻게 마구간으로 가게 내버려 둘 수 있단 말입니까? 우리는 '있을 곳이 없었다.'라는 표현에서 돈으로 마음이 어두워진 그 시대의 단면을 읽을 수 있습니다.

"네 동족이 가난하게 되어 빈손으로 네 곁에 있거든 너는 그를 도와 거류민이나 동거인처럼 너와 함께 생활하게 하되"(레 25:35)

2. 강보에 싸여 구유에 뉘었습니다

가난한 시골 청년 요셉은 사관을 얻을 길이 없어 급하게 마구간을 빌어 해산하는 방으로 썼습니다. 아기가 태어나자 강보로 싸서 구유에 뉘었습니다. '강보'라는 말은 '찢다'라는 말에서 파생된 단어입니다. 요셉 부부는 아기 예수를 포대기와 같은 천으로 감아 쌌던 것으로 여겨집니다.

그리고 '구유'(파트네)는 가축의 먹이를 넣어주는 여물통을 가리킵니다. 하나님의 독생자이신 예수님은 영광스러운 하늘 보좌에서 이 땅에 오셔서, 구유와 같은 가장 낮고 초라한 자리에 누우셨습니다. 그리고 낮고 천한 자의 친구가 되셨습니다.

예수님은 진정한 부자이십니다. 그분은 창조주이고, 만왕의 왕이십니다. 금도 주님의 것이고, 은도 주님의 것입니다. 그런데 주님은 비천한 사람들의 구세주가 되시고 친구가 되기 위하여 친히 낮아지셨습니다. 친히 비천해지신 것입니다.

그런데 이러한 예수님을 맞이할 우리의 마음 상태가 어떤지 점검해야 합니다. 세상 재물에 마음이 가 있지는 않은지, 세상의 명예와 권세에 마음을 빼앗기고 있지는 않은지 돌아봐야 합니다. 언제든지 어떠하든지 예수님을 주님으로 맞이할 수 있어야 합니다.

"맏아들을 낳아 강보로 싸서 구유에 뉘었으니 이는 여관에 있을 곳이 없음이러라"(눅 2:7)

3. 우리의 부요를 위해 가난하게 되셨습니다

예수님이 태어나신 장소는 냄새나는 마구간이었으나, 그곳은 하나님의 영광이 드러난 곳이 되었습니다. 목자들이 양을 지키던 들에서는 하늘의 천군 천사들의 노래가 울려 퍼졌습니다. "지극히 높은 곳에서는 하나님께 영광이요 땅에서는 기뻐하심을 입은 사람들 중에 평화로다"(눅 2:14).

예수님은 가난한 자들을 위해 친히 가난하게 되셨습니다. 그리고 이제 주님을 영접하는 모든 사람들을 부요하게 하시고 영화롭게 만들어 주십니다. 내 심령 안에 예수님이 임재하실 때 내 마음이 천국이 됩니다. 큰 기쁨의 역사가 일어납니다. 가정이 비록 지위가 낮고 가난하다 할지라도 우리 가정에 예수님이 임재하시면 평화의 동산이 될 수 있습니다. 예수님이 계실 때 기쁨이 있고, 삶의 변화가 있습니다. 예수님을 진심으로 맞아들일 때 우리의 삶은 천국으로 변합니다. 주님은 우리의 삶을 영화롭게 만들어 주십니다.

"우리 주 예수 그리스도의 은혜를 너희가 알거니와 부요하신 자로서 너희를 위하여 가난하게 되심은 그의 가난함을 인하여 너희로 부요케 하려 하심이니라"(고후 8:9)

말씀 실천하기
- 성탄절에 예수님을 맞아들일 공간을 마련하겠습니까?
- 복된 성탄절이 될 수 있도록 스스로 할 수 있는 일을 실천하겠습니까?

합심 기도하기
- 내 마음이 주님을 맞이할 수 있도록 가난한 마음이 되게 하소서.
- 이웃 중에 가난한 자와 소외된 자들에게 사랑을 실천하게 하소서.